Effektive Kommunikation und Kooperation

Effektive Kommunikation und Kooperation

Ein Trainingsbuch

Petra Knechtel

w.bertelsmann.business

Bibliografische Information Der Deutschen Bibliothek
Die Deutsche Bibliothek verzeichnet diese Publikation in der Deutschen Nationalbibliografie;
detaillierte bibliografische Daten sind im Internet über http://dnb.ddb.de abrufbar.

W. Bertelsmann Verlag
GmbH & Co. KG, Bielefeld, 2003

Gesamtherstellung:
W. Bertelsmann Verlag, Bielefeld

Illustrationen Innenteil:
Christiane Zay, Bielefeld

Gestaltung:
lok. design division, Bielefeld
www.lokbase.de

ISBN 3-7639-3130-9
Bestell-Nr. 60.01.457

Inhaltsverzeichnis

3. Konflikte

4. Gruppen und Teams

Anhang

Vorwort

„Man kann nicht nicht kommunizieren."[1] Trotz dieser Erkenntnis gehören kommunikative und soziale Kompetenzen mit zu den von Unternehmen in Stellenanzeigen am häufigsten geforderten Schlüsselqualifikationen. Diese Forderung macht deutlich, dass die Fähigkeit, effektiv zu kommunizieren, nicht per se vorausgesetzt werden kann.

Woran liegt es, dass manche Gespräche nicht so verlaufen, wie wir uns das wünschen?

Welche Fehlerquellen gibt es und wie kann ich gegensteuern, um diese nach Möglichkeit zu umschiffen?

Was kann ich tun, um effektiv und konstruktiv zu kommunizieren und zu kooperieren?

Diese und weitere Fragen werden im vorliegenden Trainingsbuch beantwortet. Ziel des Buches ist es, zum einen grundlegende Erkenntnisse über die menschliche Kommunikation zu vermitteln und zum anderen durch zahlreiche Übungsangebote die Möglichkeit zu bieten, das Gelernte sofort in die Praxis umzusetzen und somit einen Beitrag zur Weiterentwicklung kommunikativer und sozialer Kompetenzen zu leisten.

Am Ende jedes Kapitels erfolgt als Gedächtnishilfe eine kurze Zusammenfassung.

Der Preis der besseren Lesbarkeit ist die Verwendung der alten männlichen Schreibweise, die ich im folgenden Trainingsbuch gebrauche. Ich bitte hiermit alle Leserinnen sich ebenso angesprochen zu fühlen.

Wenn Sie nach der Lektüre dieses Buches Kontakt zu mir aufnehmen möchten, um mir Ihre Erfahrungen rückzumelden oder ein maßgeschneidertes Seminar, ein Training oder ein Coaching wünschen besuchen Sie meine Homepage: www.loesungsorientiertes-coaching.de oder senden Sie ein Mail an petra.knechtel@loesungsorientiertes-coaching.de

Ich wünsche Ihnen viel Erfolg.
Petra Knechtel

1. Einführung

Der Begriff Kommunikation stammt aus dem Lateinischen „communicare" und bedeutet Mitteilung, Unterredung, Verbindung, Zusammenhang, Austausch von Informationen und Verständigung.

Bekanntermaßen kann Kommunikation mittels verschiedener Medien erfolgen. Das vorliegende Buch thematisiert die unmittelbarste Form von Kommunikation, das Gespräch von Mensch zu Mensch.

Um in diesem Sinn kommunizieren zu können, sind mindestens zwei Personen notwendig. Eine Person, die eine Botschaft sendet, und eine Person, die diese Botschaft empfängt.

Abb. 1:
Einseitige Kommunikation

Erfolgt zwischen diesen beiden Personen – Sender und Empfänger – kein Austausch, spricht man von einseitiger Kommunikation.

Um ein Gespür dafür zu entwickeln, welche Missverständnisse bei einer einseitigen Kommunikation auftreten können, empfehle ich Ihnen die folgende Übung, für die Sie ein Bild (z.B. eine Kunst-Postkarte) benötigen.

Übung: Beschreibung eines Bildes

Bitte wählen Sie sich einen Partner und besprechen Sie mit diesem, wer die Rolle des Senders und wer die Rolle des Empfängers übernehmen möchte.

Setzen Sie sich dann Rücken an Rücken zusammen.

Aufgabe des Senders ist es, dem Empfänger ein Bild, das dieser nicht sehen darf, so genau wie möglich zu beschreiben. Der Titel des Bildes und der Name des Malers dürfen nicht mitgeteilt werden.

Aufgabe des Empfängers ist es, genau zuzuhören. Da es sich um eine einseitige Kommunikation handelt, darf der Empfänger nicht rückfragen.

Nach der Bildbeschreibung, die nicht länger als drei bis vier Minuten dauern sollte, zeigt der Sender dem Empfänger das von ihm beschriebene Bild. Aufgabe des Empfängers ist es nun, die beim Anblick des Bildes auftauchenden Gedanken und Gefühle dem Sender mitzuteilen.

Von besonderem Interesse ist in diesem Zusammenhang die Frage, ob und inwieweit es dem Sender gelungen ist, im Empfänger ein äquivalentes Bild hervorzurufen. Gab es Unterschiede? Tauschen Sie sich bitte über die Reaktionen und Assoziationen, die das Bild bei Ihnen und Ihrem Partner ausgelöst hat, aus.

Sollten Sie und Ihr Partner festgestellt haben, dass die Bildbeschreibung nicht zu dem beabsichtigten Resultat – eine genaue Vorstellung des beschriebenen Bildes beim Empfänger auszulösen – geführt hat, seien Sie bitte nicht enttäuscht. Es passiert relativ häufig, dass

der Sender etwas meint

und etwas anderes sagt.

Der Empfänger hört und/oder sieht etwas

und versteht und fühlt

etwas anderes, als der Sender beabsichtigte.

Wenn es innerhalb einer Kommunikation keine Möglichkeit des Austausches gibt oder diese Möglichkeit nicht wahrgenommen wird, sind Missverständnisse sehr wahrscheinlich, man könnte fast sagen, sie sind vorprogrammiert. Ein Grund dafür liegt in unserer Wahrnehmung.

Unsere Wahrnehmung ist die Grundlage jeder Kommunikation. Sie ist die Fehlerquelle Nummer 1.

1.1. Wahrnehmung

Jeder Mensch konstruiert die Welt auf Grund seiner Sinneswahrnehmungen. Wir können die Welt nicht direkt erfahren, sondern nur über unsere Wahrnehmungen. Und unsere Wahrnehmungen sind keine objektiven Vorgänge. Was wir wahrnehmen, hängt nur zum Teil von den tatsächlichen Reizgegebenheiten ab. Außer den fünf Sinnen, die es dem Menschen im Normalfall gestatten, mehr oder weniger gut zu sehen, zu hören, zu fühlen, zu riechen und zu schmecken, spielen psychische Gegebenheiten bei der Wahrnehmung eine nicht unbeträchtliche Rolle. In Situationen, die als stark belastend empfunden werden, können viele Menschen nicht mehr „klar sehen" oder „genau zuhören", ihre Wahrnehmung ist blockiert oder stark eingeschränkt. In manchen Fällen ist das, was für wahr genommen wird, so verzerrt, dass der Begriff „Falsch-Nehmungen" der treffendere ist.[2]

Aber nicht nur in schwierigen Situationen ist unsere Wahrnehmung getrübt.

Unsere Bedürfnisse, Erfahrungen, Erwartungen, Meinungen, Glaubensvorstellungen und Überzeugungen sind es, die unsere Wahrnehmung leiten.

Ein Beispiel für den Einfluss persönlicher Anteile auf die Wahrnehmung liefern so genannte Kippbilder.

Bitte sehen Sie sich das folgende Bild genau an. Was sehen Sie?

Abb. 2:
Kopf oder Landschaft?
Quelle: www.onlinewahn.de

Einige Menschen nehmen bevorzugt einen bärtigen Mann wahr, andere sehen bevorzugt eine Landschaft mit zwei Häusern und einem hockenden Menschen. Manche Menschen können ohne Schwierigkeiten beide Bildinhalte wahrnehmen, anderen fällt das Umschalten schwer. Wie lässt sich das erklären?

Wahrnehmungstheorien zufolge ist Wahrnehmung ein Prozess der Organisation und der Wiedererkennung von Mustern, die entweder als Figur oder als Hintergrund wahrgenommen werden. Was heißt das konkret?

Beispiel:
Wenn eine Mutter ihr Kind schreien hört, tritt dieses Geräusch für sie in den Vordergrund, es wird für sie zur Figur, und alle anderen Geräusche treten in den Hintergrund. Hat das Kind aufgehört zu schreien, kann ein Geräusch, das zuvor im Hintergrund war, sei es das Ticken einer Uhr oder Straßenlärm, für eine gewisse Zeit zur Figur werden.

Da die Aufmerksamkeit des Menschen stetig wechselt, kann kein Wahrnehmungsinhalt über lange Zeit Figur sein, nach einiger Zeit fällt die Figur wieder in den Hintergrund zurück.

Das aber heißt, dass wir die Welt nie in ihrer Gesamtheit, sondern immer nur in kleinen Ausschnitten, gleichsam durch einen Filter wahrnehmen. Mit anderen Worten – unsere Wahrnehmung ist selektiv.

Da unser Bewusstsein nicht in der Lage ist, sämtliche Informationen, die auf uns einströmen, aufzunehmen und später wieder als Erinnerung abzurufen, beschränken wir uns in vielen Situationen unbewusst auf einen oder zwei Wahrnehmungskanäle. Genauer gesagt, jeder Mensch tendiert dazu, seine Umwelt bevorzugt über einen Sinn wahrzunehmen. Je nachdem, welcher Sinn bevorzugt wird, spricht man vom

- visuellen (sehenden),
- auditiven (hörenden),
- kinästhetischen (spürenden) oder
- olfaktorischen (riechenden) Wahrnehmungstyp.

Menschen, die ihre Umwelt bevorzugt über den Geruchs- und Geschmackssinn wahrnehmen, sind selten.

Welcher Wahrnehmungstyp sind Sie?

1.1.1. Wahrnehmungstypen

Visuell orientierte Menschen nehmen die Welt vorzugsweise über Bilder wahr. Sie benutzen häufig visuelle Metaphern und Redewendungen wie:

- ◯ sieht gut aus ..., ich sehe schwarz ..., das sieht man doch ..., alles glasklar ..., angesichts ..., Scheuklappen vor den Augen ..., kurz einen Blick werfen ..., Schwarzweißmalerei ..., einen Überblick beschaffen usw.

Um den Bildern in ihrem Gehirn folgen zu können, tendieren visuell orientierte Menschen zu einer schnellen Sprechweise.

Da **auditiv orientierten Menschen** Worte und Klänge viel bedeuten, sind sie sehr sorgfältig in ihrer Wortwahl. Ihre Sprache ist meist rhythmisch, langsam und getragen. Häufig benutzte Redewendungen sind:

- ◯ hört sich gut an ..., klingt nicht schlecht ..., laut und deutlich ..., mit Pauken und Trompeten ..., es wird gleich krachen ..., ich bin ganz Ohr ..., Nachtigall, ich hör dir trapsen ..., jetzt hat's klick gemacht ..., der Groschen ist gefallen usw.

Kinästhetisch orientierte Menschen nehmen vor allem die Gefühle wahr, die bei ihnen ausgelöst werden. Sie wollen die Dinge begreifen, sozusagen handhabbar machen. Dies zeigt sich in Redewendungen wie:

- ◯ ich hab ein gutes Gefühl dabei ..., in den Griff bekommen ..., die Sache ist mulmig, es ist nicht zu fassen ..., es wird warm um's Herz ..., er wirkt beherrscht ..., Haare auf den Zähnen ..., Hals über Kopf ..., die Hände ringend, die Fäden ziehend, unter der Hand usw

Das Sprechtempo kinästhetisch orientierter Menschen ist tendenziell langsam.

Da uns im Normalfall alle Wahrnehmungskanäle zur Verfügung stehen und wir uns situationsabhängig auf verschiedene Wahrnehmungskanäle konzentrieren, vereinen wir in uns Elemente jeden Typs. Dennoch wird von den meisten Menschen ein Wahrnehmungskanal bevorzugt. Wenn Sie sich nicht sicher sind, welcher Wahrnehmungstyp Sie sind, und Sie Ihre Präferenzen erfahren möchten, können Sie dies mittels der folgenden Übung testen.

Übung: Imaginationen

Für die folgende Übung benötigen Sie Ruhe und Zeit, um sich nacheinander auf Ihre Sinne konzentrieren zu können.

Es folgen jetzt vier Imaginationsübungen. Lesen Sie bitte jede Übung vollständig durch, bevor Sie beginnen. Schütteln Sie nach jeder Übung Ihre Hand aus.

1. Schließen Sie Ihre Augen und spreizen Sie dann die Finger einer Hand so weit wie möglich. Stellen Sie sich nun bildlich vor, wie sich Ihre Finger langsam aufeinander zu bewegen und von einem Band fest umwickelt und zusammengehalten werden. Wenn

Sie dieses Bild klar vor Ihrem geistigen Auge sehen, halten sie das Bild fest und zählen dabei langsam bis drei. Versuchen Sie dann vorsichtig ihre Finger wieder zu öffnen. Wenn Sie einen Widerstand spüren, es Ihnen also schwer fällt, die Finger zu öffnen, spricht viel dafür, dass Sie ein visueller Wahrnehmungstyp sind. Schütteln Sie Ihre Hand aus, bevor Sie mit der zweiten Übung beginnen.

2. *Bitte spreizen Sie wieder bei geschlossenen Augen die Finger einer Hand. Während sich Ihre Finger langsam aufeinander zu bewegen, stellen Sie sich jetzt ein Geräusch vor, das immer mehr anschwillt und seinen Höhepunkt in dem Moment erreicht, wenn Ihre Finger aufeinander stoßen und gleichsam einrasten. Wenn Sie dieses Geräusch in Ihrer Vorstellung klar und deutlich hören, halten Sie es fest und zählen sie dann wieder langsam bis drei, bevor Sie versuchen ihre Finger zu öffnen. Bereitet Ihnen das Öffnen der Finger einige Mühe, so liegt die Vermutung nahe, dass Sie ein auditiver Wahrnehmungstyp sind.*

3. *Nach dem Ausschütteln Ihrer Hand nehmen Sie wieder die Ausgangsposition ein, indem Sie Ihre Augen schließen und die Finger einer Hand spreizen. Diesmal stellen Sie sich vor, dass die Innenseiten Ihrer Finger mit Klebstoff eingestrichen werden und fest miteinander verkleben. Wenn Sie in Ihrer Vorstellung den Klebstoff zwischen den Fingern deutlich spüren, halten Sie die Vorstellung fest, zählen wieder langsam bis drei und versuchen dann Ihre Finger zu öffnen. Fällt es Ihnen schwer, so ist es wahrscheinlich, dass Sie ein kinästhetischer Wahrnehmungstyp sind.*

4. *Ausgehend von der Ausgangsposition stellen Sie sich jetzt vor, dass Ihre Finger von einem wunderbaren, geheimnisvollen Duft eingehüllt und umschlossen werden, so dass sie in diesem Duft versinken. Wenn Sie diesen Duft in Ihrer Vorstellung intensiv riechen, halten Sie ihn fest, zählen wieder langsam bis drei und öffnen nun Ihre Finger. Bereitet ihnen dies Schwierigkeiten, sind Sie voraussichtlich ein olfaktorischer Wahrnehmungstyp.*

Falls Ihnen die Imaginationsübungen schwer fielen, empfehle ich Ihnen, diese oder andere Übungen zur Wahrnehmungsschulung öfter zu wiederholen, da Sie auf diesem Weg Ihre Wahrnehmungsfähigkeiten enorm erweitern können.

Der erste Schritt zu einer effektiven Kommunikation ist das Entwickeln eines Bewusstseins für den eigenen bevorzugten Wahrnehmungskanal, ein Training der weniger benutzten Kanäle und das Herausfinden der bevorzugten Wahrnehmungskanäle Ihrer Gesprächspartner. Wenn Sie erkannt haben, mit welchem Sinn Ihre Gesprächspartner ihre Umwelt bevorzugt wahrnehmen, können Sie Ihre Mitteilungen den bevorzugten Sinnen entsprechend aufbereiten und darbieten.

Eine Möglichkeit herauszufinden, welche Wahrnehmungskanäle Ihre Gesprächspartner benutzen, ist ein Blick in deren Augen. Die Augenbewegungsmuster verraten, wie Informationen verarbeitet, abgespeichert und wieder aufgerufen werden.

1.1.2. Augenbewegungsmuster

Innere Bilder
konstruiert

Innere Bilder
erinnert

Innere Töne, Stimmen
konstruiert

Innere Töne, Stimmen
erinnert

Empfindungen, Gefühle

Selbstgespräche

Abb. 3:
Augenbewegungsmuster
(bei Rechtshändern/
bei Linkshändern
seitenverkehrt)

Wird der Blick nach oben gerichtet, erinnert man sich an bereits gesehene Bilder oder konstruiert neue.

Bleibt der Blick in der waagerechten Ebene, werden Töne oder Worte, die man schon einmal gehört hat, erinnert oder konstruiert.

Geht der Blick nach unten, werden taktile Empfindungen und Emotionen aktiviert oder Selbstgespräche initiiert.

Die folgende Übung bietet Ihnen die Gelegenheit, die Augenbewegungen Ihres Gesprächspartners bewusst zu beobachten, während Sie gezielt Fragen stellen, die Ihren Gesprächspartner veranlassen, sich an Bilder, Töne, Stimmen und Empfindungen zu erinnern oder diese zu konstruieren.

Übung: Beobachtung der Augenbewegungsmuster

1. Bitte wählen Sie sich einen Partner und vereinbaren Sie mit ihm, wer zuerst die Rolle des Fragenden übernimmt.

2. Überlegen Sie sich in Anlehnung an die nachfolgenden Beispielfragen für jede Repräsentationsart drei Fragen, die Sie Ihrem Gesprächspartner stellen wollen. Achten Sie bei jeder Frage auf die Augenbewegungen Ihres Gesprächspartners. Stimmen die gezeigten Augenbewegungsmuster nicht mit den von Ihnen erwarteten überein, fragen Sie Ihren Partner, was in ihm vorgegangen ist, was er gesehen, gehört oder gespürt hat, bevor er Ihre Frage beantwortete.

3. Wechseln Sie die Rollen und tauschen Sie sich nach der Übung über Ihre Eindrücke aus.

Beispielfragen	Erwartete Repräsentationen
Was sehen Sie als Erstes, wenn Sie die Tür, die zu Ihrem Arbeitsplatz führt, öffnen?	*erinnerte innere Bilder*
Wie viel Pflanzen gibt es in Ihrem Büro?	*erinnerte innere Bilder*
Welche berufliche Tätigkeit halten Sie für die interessanteste?	*erinnerte innere Bilder*
Angenommen, der Empfangsbereich Ihrer Firma sollte farblich neu gestaltet werden, welche Farbe würde zum Firmenimage passen?	*konstruierte innere Bilder*
Wie müsste ein Ort aussehen, um von Ihnen zum schönsten Ort der Welt ernannt zu werden?	*konstruierte innere Bilder*
Was wäre für Sie eine wünschenswerte Erfindung?	*konstruierte innere Bilder*
Über welchen Spruch oder Witz haben Sie zuletzt laut gelacht?	*erinnerte innere Töne und Stimmen*
Welche Musik mögen Sie besonders?	*erinnerte innere Töne und Stimmen*
Wie klingt es, wenn Ihr Telefon läutet?	*erinnerte innere Töne und Stimmen*
Wenn Sie Ihre momentane Stimmung in Tönen ausdrücken könnten, wie würde das klingen?	*konstruierte innere Töne und Stimmen*
Stellen Sie sich vor, Sie bekommen einen Anruf und hören, dass Sie 500.000 Euro gewonnen haben. Was sagen Sie?	*konstruierte innere Töne und Stimmen*
Angenommen, Ihre Autohupe würde wie eine Geige klingen? Wie würde sich das anhören?	*konstruierte innere Töne und Stimmen*
Was sagen Sie häufig zu sich selbst?	*Selbstgespräche*
Was ist im Moment besonders wichtig für Sie?	*Selbstgespräche*
Wie motivieren Sie sich, wenn Sie etwas Unangenehmes tun müssen?	*Selbstgespräche*
Stellen Sie sich vor, Sie laufen barfuß über eine Wiese. Was für ein Gefühl ist das?	*Empfindungen, Gefühle*
Angenommen, Sie hätten einen Disput mit einem Kollegen, was empfinden Sie?	*Empfindungen, Gefühle*
Wie fühlt es sich an, wenn Sie glücklich sind?	*Empfindungen, Gefühle*

Das bewusste Eingehen auf die bevorzugten Wahrnehmungskanäle Ihrer Gesprächspartner ist ein Teil dessen, was Sie tun können, um diesen das Gefühl zu vermitteln, dass Sie die gleiche Sprache wie sie sprechen.

Zu Beginn dieses Kapitels wurde gesagt, dass jeder Mensch die Welt auf Grund seiner Sinneswahrnehmungen konstruiert. Das bedeutet, dass jeder Mensch in seiner eigenen Welt lebt und für alles, was er denkt, fühlt und wie er handelt, Erklärungen sucht. Nicht nur Wissenschaftler, sondern jeder Mensch entwickelt Theorien (in diesem Fall spricht man von subjektiven Theorien, siehe Kapitel 1.2.), die das eigene Handeln verständlich werden lassen. Diese Theorien bestimmen, was wir wahrnehmen.

Haben Sie einen Wahrnehmungsfilter entdeckt? Auf Grund der Tatsache, dass unsere Wahrnehmungen Filter enthalten, wir also immer Teile ausblenden, ist die Welt, die wir erfahren, nicht für jeden Menschen die gleiche.

So ist die Welt ...

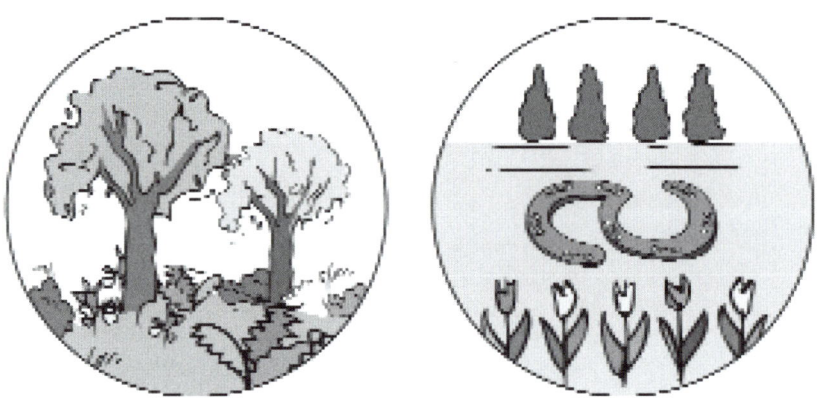

Abb. 4: Weltbilder

Aus diesen Überlegungen lässt sich folgender Schluss ziehen:

Um andere Menschen wirklich zu verstehen, ist es notwendig, ihr Weltbild kennen zu lernen, ihre subjektiven Theorien, wie sie die Welt wahrnehmen und erleben.

Unsere Wahrnehmungen und unsere subjektiven Theorien sind eng miteinander verknüpft. Zum einen haben unsere subjektiven Theorien starken Einfluss auf das, was wir wahrnehmen, zum anderen wird das, was wir wahrnehmen, so interpretiert, dass es in unser Weltbild passt. Diese wechselseitige Verknüpfung führt dazu, dass wir unsere subjektiven Theorien immer wieder bestätigt sehen und sie selten einer Überprüfung unterziehen. Da hierin die Fehlerquelle Nummer 2 liegt, sind die subjektiven Theorien Gegenstand des folgenden Kapitels.

Zusammenfassung:

Wahrnehmung
Grundlage jeder Kommunikation ist die Wahrnehmung. Sie ist die Fehlerquelle Nummer 1. Wahrnehmung ist ein Prozess der Organisation und der
Wiedererkennung von Mustern, die entweder als Figur oder als Hintergrund
wahrgenommen werden. Sie ist kein objektiver Vorgang.

Was wir wahrnehmen, hängt von den tatsächlichen Reizgegebenheiten, den
physischen Voraussetzungen und der psychischen Verfassung ab. Unsere
Bedürfnisse, Erfahrungen, Erwartungen, Meinungen, Glaubensvorstellungen und Überzeugungen leiten unsere Wahrnehmung und wirken gleichsam
als Filter. Wir können daher die Welt nicht in ihrer Gesamtheit, sondern
immer nur in kleinen Ausschnitten wahrnehmen. Mit anderen Worten: Unsere Wahrnehmung ist selektiv.

Da unser Bewusstsein nicht in der Lage ist, sämtliche Informationen, die auf
uns einströmen, aufzunehmen und später wieder als Erinnerung abzurufen,
beschränken wir uns in vielen Situationen unbewusst auf einen oder zwei
Wahrnehmungskanäle. Genauer gesagt, jeder Mensch tendiert dazu, seine
Umwelt bevorzugt über einen Sinn wahrzunehmen. Je nachdem, welcher
Sinn bevorzugt wird, spricht man vom visuellen, auditiven, kinästhetischen
oder olfaktorischen Wahrnehmungstyp.

1.2. Subjektive Theorien

Subjektive Theorien sind Konstruktionssysteme, die es dem Menschen ermöglichen, die Welt zu ordnen und ihr einen Sinn zu verleihen. Die Theorie, die Menschen von der Wirklichkeit entwerfen, ihre „Realitätstheorie",
umfasst Konstruktionen über sich selbst, die Umwelt und über die Wechselwirkung zwischen diesen.
     Ein Beispiel dafür, welch großen Einfluss diese Theorien auf ihr Kommu-
nikationsverhalten ausüben, zeigt die folgende Geschichte von Watzlawick.

Die Geschichte vom Mann ohne Hammer
„Ein Mann will ein Bild aufhängen. Den Nagel hat er, nicht aber den Hammer. Der Nachbar hat einen. Also beschließt unser Mann, hinüberzugehen
und ihn auszuborgen. Doch da kommt ihm ein Zweifel: Was, wenn der
Nachbar mir den Hammer nicht leihen will? Gestern schon grüßte er mich
nur so flüchtig. Vielleicht war er in Eile. Aber vielleicht war die Eile nur vor-
geschützt, und er hat etwas gegen mich. Und was? Ich habe ihm nichts an-
getan; der bildet sich da etwas ein. Wenn jemand von mir ein Werkzeug
borgen wollte, ich gäbe es ihm sofort. Und warum er nicht? Wie kann man

einem Mitmenschen einen so einfachen Gefallen abschlagen? Leute wie dieser Kerl vergiften einem das Leben. Und dann bildet er sich noch ein, ich sei auf ihn angewiesen. Bloß weil er einen Hammer hat. Jetzt reicht's mir wirklich. – Und so stürmt er hinüber, läutet, der Nachbar öffnet, doch noch bevor er ‚Guten Tag' sagen kann, schreit ihn unser Mann an: ‚Behalten Sie Ihren Hammer, Sie Rüpel!'„[3]

Das Zentrum oder den „Kern" jeder Realitätstheorie bilden die Theorien, die Menschen über sich selbst entwickeln.

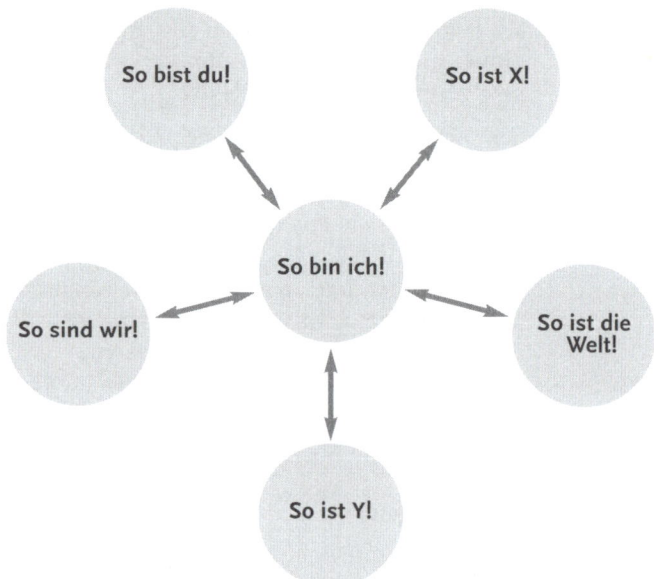

Abb. 5: Subjektive Theorien

Selbsttheorien enthalten Postulate (unbeweisbare Annahmen) unterschiedlichen Generalisierungsgrades.[4]

Postulate unterster Ordnung sind durch eine sehr enge Generalisierung gekennzeichnet, was besagt, dass sie sich nur auf einen oder wenige Aspekte beziehen, während Postulate höherer Ordnung sehr breite Generalisierungen darstellen. Eines der Postulate höchster Ordnung betrifft das Selbstwertgefühl.

Beispiel:

- *„Meinem Kollegen kann ich nicht trauen" ist ein Postulat unterster Ordnung.*
- *„Ich kann niemandem vertrauen" ist ein Postulat höherer Ordnung.*

Postulate höherer Generalisierung sind für das Selbstkonzept von enormer Bedeutung. Da ihre Widerlegung weitreichende Konsequenzen zur Folge hätte, werden sie einer Überprüfung an der Realität nicht ausgesetzt.

Postulate höherer Ordnung bestimmen darüber, welchen Erfahrungen sich ein Mensch aussetzt und wie er diese interpretiert. Dies aber hat zur Folge, dass es zu so genannten „sich selbst erfüllenden Prophezeiungen" kommt, das heißt, die Erwartung tritt ein, weil das auf Grund der Erwartung gezeigte Verhalten das Eintreten der Erwartung wahrscheinlich werden lässt; diese wird sozusagen provoziert.

Beispiel:

Wenn ein Mensch überzeugt ist, niemandem trauen zu können, wird er seinen Mitmenschen misstrauisch begegnen, was in der Regel dazu führt, dass sich die Mitmenschen zurückziehen oder Antipathien entwickeln. Durch das Verhalten seiner Mitmenschen jedoch fühlt sich der Mensch in seiner Überzeugung – niemandem trauen zu können – bestätigt.

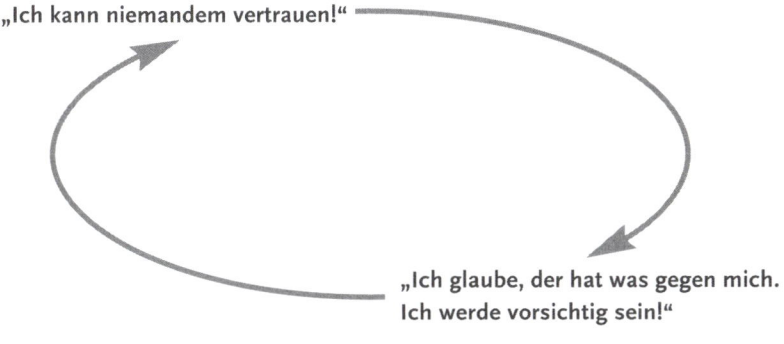

„Ich kann niemandem vertrauen!"

„Ich glaube, der hat was gegen mich. Ich werde vorsichtig sein!"

Abb. 6:
Sich selbst erfüllende
Prophezeiung

Das Problematische an diesem sich ständig wiederholenden Muster ist die Tatsache, dass die Selbsttheorie dem Menschen im Normalfall nicht bewusst ist.

So wie jeder Mensch das Bedürfnis hat, sein Selbstwertgefühl zu erhöhen bzw. aufrechtzuerhalten, hat auch jeder Mensch das Bedürfnis nach Aufrechterhaltung seiner subjektiven Theorien. Dies wird verständlich, wenn man bedenkt, dass der Mensch ohne Realitätstheorie nicht lebensfähig wäre.

Die Gefährdung der Selbsttheorie ist mit Ängsten verbunden. Gelingt es dem Menschen, diese Ängste auszuhalten und die bedrohlichen Erfahrungen in die Selbsttheorie zu integrieren, wird diese erweitert. Positive Emotionen sind die Folge.

Ist die Bedrohung der Selbsttheorie so stark, dass die Ängste überhand nehmen, werden Mechanismen zur Abwehr und Vermeidung der Ängste entwickelt, was zu einer Einengung des Selbstsystems führt. Von der Weite der Selbsttheorie ist abhängig, wie sicher sich ein Mensch in verschiedenen Situationen fühlt und wie offen er neuen Erfahrungen gegenüber ist, was sich wiederum auf die weitere Ausdifferenzierung seiner Selbsttheorie auswirkt.

Nach diesem kleinen Exkurs in das Forschungsgebiet der „subjektiven Theorien" möchte ich Sie bitten, das bisher Erfahrene zu überdenken und Ihre eigene Realitätstheorie, insbesondere ihre Selbsttheorie, soweit es Ihnen möglich ist, zu reflektieren.

Übung: Selbsttheorie
Wie sehen und erleben Sie die Welt, was denken Sie über sich und die anderen?

Zusammenfassung:

Subjektive Theorien
Subjektive Theorien sind Konstruktionssysteme, die es dem Menschen ermöglichen, die Welt zu ordnen und ihr einen Sinn zu verleihen. Sie umfassen Konstruktionen über sich selbst, die Umwelt und über die Wechselwirkung zwischen diesen. Im Zentrum jeder Realitätstheorie stehen die Theorien, die Menschen über sich selbst entwickeln. Diese Selbsttheorien enthalten Annahmen unterschiedlichen Generalisierungsgrades. Für das Selbstkonzept sind vor allem die Annahmen von großer Bedeutung, die einen hohen Generalisierungsgrad aufweisen. Sie sind es, die darüber bestimmen, welche Situationen ein Mensch aufsucht und wie er diese interpretiert. In Folge dieses Verhaltens tritt genau das ein, was erwartet wird, es kommt also zu „sich selbst erfüllenden Prophezeiungen".

1.3. Selbst- und Fremdwahrnehmung

1.3.1. Fragebogen Selbstwahrnehmung

Bitte kreuzen Sie auf jeder Skala die Zahl an, die Ihrer Meinung nach Ihre Fähigkeiten und Verhaltensweisen am besten widerspiegelt.

Analyse persönlicher Fähigkeiten und Verhaltensweisen

1. *Wie schätzen Sie Ihr Kontaktverhalten ein?*

distanziert   kontaktfreudig

0	1	2	3	4	5	6	7

2. *Wie stark ist Ihre Neigung, anderen zu vertrauen?*

misstrauisch   vertrauensvoll

0	1	2	3	4	5	6	7

3. *Wie würden Sie Ihre Kommunikation im Allgemeinen beschreiben?*

unklar, mehrdeutig   klar, eindeutig

0	1	2	3	4	5	6	7

4. *Wie ausgeprägt ist Ihr Einfühlungsvermögen in andere?*

verständnislos   einfühlsam, verstehend

0	1	2	3	4	5	6	7

5. *Wo liegt Ihrer Meinung nach die Schwelle Ihrer Toleranz?*

intolerant   tolerant

0	1	2	3	4	5	6	7

6. *Wie hoch schätzen Sie Ihre Bereitschaft zur Rücksichtnahme ein?*

rücksichtslos   rücksichtsvoll

0	1	2	3	4	5	6	7

7. *Wie gehen Sie im Allgemeinen mit Kritik um?*

ablehnend   annehmend

0	1	2	3	4	5	6	7

8. *Wie schätzen Sie Ihre Bereitschaft, andere zu unterstützen, ein?*

egoistisch   hilfsbereit

0	1	2	3	4	5	6	7

9. *Wie hoch ist Ihr Engagement im Allgemeinen?*

passiv   aktiv

0	1	2	3	4	5	6	7

10. *Für wie groß halten Sie den Einfluss, den Sie auf andere ausüben?*

gering   groß

0	1	2	3	4	5	6	7

11. *Wie hoch schätzen Sie den Grad Ihrer Spontaneität ein?*

besonnen   impulsiv

0	1	2	3	4	5	6	7

12. *Wie zuversichtlich sind Sie?*

pessimistisch   optimistisch

0	1	2	3	4	5	6	7

Die Fragebögen zur Selbst- und Fremdwahrnehmung enthalten ausgewählte Fragen zur Analyse Ihrer persönlichen Fähigkeiten und Verhaltensweisen, die für den Umgang mit anderen Menschen bedeutsam sind. Sie können wertvolle Einsichten gewinnen, wenn Sie zum einen die Fragen selbst beantworten (Fragebogen „Selbstwahrnehmung") und zum anderen einen Menschen, der Sie gut kennt und dem Sie vertrauen, bitten, Ihre Fähigkeiten und Verhaltensweisen mittels des Fragebogens „Fremdwahrnehmung" einzuschätzen.

Der Vergleich zwischen Selbst- und Fremdwahrnehmung ermöglicht Ihnen die Überprüfung, inwieweit Ihre Wahrnehmung mit der Ihrer Umwelt übereinstimmt.

1.3.2. Fragebogen Fremdwahrnehmung
Bitte kreuzen Sie auf jeder Skala die Zahl an, die Ihrer Meinung die Fähigkeiten und Verhaltensweisen Ihres Partners am besten widerspiegelt.

Analyse seiner/ihrer persönlichen Fähigkeiten und Verhaltensweisen

1. *Wie schätzen Sie sein/ihr Kontaktverhalten ein?*
distanziert   kontaktfreudig

| 0 | 1 | 2 | 3 | 4 | 5 | 6 | 7 |

2. *Wie stark ist seine/ihre Neigung, anderen zu vertrauen?*
misstrauisch   vertrauensvoll

| 0 | 1 | 2 | 3 | 4 | 5 | 6 | 7 |

3. *Wie würden sie seine/ihre Kommunikation im Allgemeinen beschreiben?*
unklar, mehrdeutig   klar, eindeutig

| 0 | 1 | 2 | 3 | 4 | 5 | 6 | 7 |

4. *Wie ausgeprägt ist sein/ihr Einfühlungsvermögen in andere?*
verständnislos   einfühlsam, verstehend

| 0 | 1 | 2 | 3 | 4 | 5 | 6 | 7 |

5. *Wo liegt Ihrer Meinung nach die Schwelle seiner/ihrer Toleranz?*
intolerant   tolerant

| 0 | 1 | 2 | 3 | 4 | 5 | 6 | 7 |

6. *Wie hoch schätzen Sie seine/ihre Bereitschaft zur Rücksichtnahme ein?*
rücksichtslos   rücksichtsvoll

| 0 | 1 | 2 | 3 | 4 | 5 | 6 | 7 |

7. *Wie geht er/sie im Allgemeinen mit Kritik um?*
ablehnend   annehmend

| 0 | 1 | 2 | 3 | 4 | 5 | 6 | 7 |

8. *Wie schätzen Sie seine/ihre Bereitschaft, andere zu unterstützen, ein?*
egoistisch   hilfsbereit

| 0 | 1 | 2 | 3 | 4 | 5 | 6 | 7 |

9. *Wie hoch ist sein/ihr Engagement im Allgemeinen?*
passiv   aktiv

| 0 | 1 | 2 | 3 | 4 | 5 | 6 | 7 |

10. *Für wie groß halten Sie den Einfluss, den er/sie auf andere ausübt?*
gering   groß

| 0 | 1 | 2 | 3 | 4 | 5 | 6 | 7 |

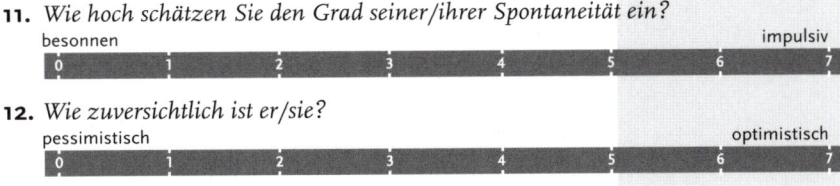

11. *Wie hoch schätzen Sie den Grad seiner/ihrer Spontaneität ein?*

besonnen   impulsiv

| 0 | 1 | 2 | 3 | 4 | 5 | 6 | 7 |

12. *Wie zuversichtlich ist er/sie?*

pessimistisch   optimistisch

| 0 | 1 | 2 | 3 | 4 | 5 | 6 | 7 |

Stimmt Ihre Selbstwahrnehmung mit der Fremdwahrnehmung überein?

Ein Modell zur Erklärung von Diskrepanzen zwischen Selbst- und Fremd-wahrnehmung stammt von Joe Luft und Harry Ingham und wird Johari-Fenster genannt.

1.3.3. Johari-Fenster

Das Johari-Fenster besteht aus vier Feldern, die je einen Verhaltensbereich repräsentieren.

Öffentliche Person

Der Bereich, der sowohl dem Einzelnen als auch der Allgemeinheit zu-gänglich und damit bekannt ist, wird „öffentliche Person" genannt. Er um-fasst das sichtbare Verhalten eines Menschen in der Öffentlichkeit.

Privatperson

Neben diesem Bereich gibt es einen weiteren, der nur mir bekannt ist, der Allgemeinheit jedoch verborgen bleibt, es ist dies der Bereich der „Privat-person". Jeder Mensch kennt Facetten an sich, über die er in der Öffent-lichkeit nicht spricht, die nur im Privatleben zum Vorschein kommen.

Blinder Fleck

Der dritte Bereich ist mir selbst unbekannt, meinen Mitmenschen hinge-gen ist er sehr wohl bekannt. Jede Verhaltensweise hat eine bestimmte Wirkung, die von der Umwelt wahrgenommen wird. Nicht jede Wirkung, die mein Verhalten auf andere hat, ist mir aber bewusst. Dieser, den ande-ren bekannte, mir aber unbekannte Bereich heißt „blinder Fleck".

Beispiel:
Ein Mensch, der gern (haarsträubende) Geschichten erzählt, weil er zur allgemeinen Erheiterung seiner Mitmenschen beitragen möchte, wundert sich, dass er in letzter Zeit gemieden wird. Ihm ist nicht bewusst, dass er mittlerweile als Aufschneider und Prahl-hans verschrien ist und seine Mitmenschen die „ollen Kamellen" nicht mehr ertragen können.

Unbewusstes

Der Bereich des Unbewussten ist weder mir selbst noch anderen zugänglich. Auch wenn sich Menschen (allein oder mit professioneller Unterstützung) intensiv mit ihrer Person auseinander setzen, können sie nur einen Teil des Unbewussten ans Licht holen und damit dem Bewusstsein zugänglich machen, der andere Teil bleibt dem Bewusstsein verborgen.[5]

	mir bekannt	mir unbekannt
anderen bekannt	Öffentliche Person	Blinder Fleck
anderen unbekannt	Privatperson	Unbewusstes

Abb. 7: Johari-Fenster

Die Abbildung des Johari-Fensters suggeriert, dass alle vier Verhaltensbereiche gleich groß sind. Dies ist so nicht der Fall. Die Größe der vier Felder hängt von der Situation, der Bereitschaft, sich anderen gegenüber zu öffnen, und dem echten Wunsch, Feedback zu erhalten, ab. Unter Feedback versteht man eine Information an eine Person über die Wirkung, die ihre Verhaltensweise auf andere hat, genauer eine Mitteilung, wie ein bestimmtes Verhalten von einem anderen wahrgenommen, verstanden und erlebt wird.

Wenn Menschen sich kennen lernen, ist der Bereich, der den anderen bekannt ist, relativ klein, da jeder Mensch zunächst eine gewisse Vorsicht walten lässt in Bezug auf das, was er preiszugeben bereit ist. Der Bereich der Privatperson ist somit groß. Was der Mensch zu diesem Zeitpunkt nicht weiß, ist die Wirkung, die sein Verhalten bei den anderen auslöst, was sie von seiner Person wahrnehmen, was sie darüber denken und fühlen.

Das Johari-Fenster könnte so aussehen:

	mir bekannt	mir unbekannt
anderen bekannt	Öffentliche Person	Blinder Fleck
anderen unbekannt	Privatperson	Unbewusstes

Abb. 8: Johari-Fenster II

Sind sich die Menschen näher gekommen und haben sie Vertrauen zu-einander gefasst, kann es zu einer Verschiebung der Grenzen kommen.

Prinzipiell gilt:
- Je offener ein Mensch sich verhält, desto größer wird der Bereich der öffentlichen Person, auch Bereich der freien Aktivität genannt.
- Je stärker der Wunsch nach Feedback zum Ausdruck gebracht wird, desto kleiner wird der Bereich des blinden Flecks.

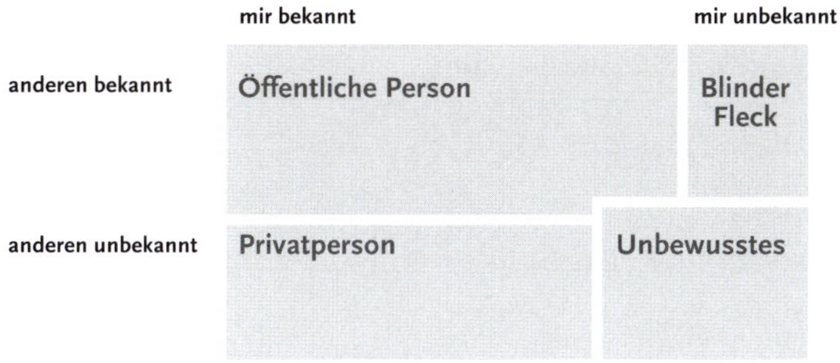

	mir bekannt	mir unbekannt
anderen bekannt	Öffentliche Person	Blinder Fleck
anderen unbekannt	Privatperson	Unbewusstes

Abb. 9: Johari-Fenster III

Übung: Johari-Fenster
1. Wie sieht Ihr persönliches Johari-Fenster gegenüber Freunden, Bekannten und Mit-arbeitern aus?

Denken Sie bitte an eine für Sie wichtige Person und an die Beziehung, die zwischen ihnen besteht. Zeichnen Sie dann Ihr Johari-Fenster, so wie Sie es zu dieser Person empfinden.

2. Überlegen Sie nun, welche Ihrer Charakterzüge eine Erweiterung des Bereichs der öffentlichen Person und eine Verkleinerung des blinden Flecks begünstigen und welche Charakterzüge sich hemmend auswirken.

1.3.4. Feedback

Effektive Kommunikation und Kooperation setzt die Beherrschung des Gebens und Nehmens von konstruktivem Feedback voraus.

Eine Person, die Feedback gibt, schildert dem Feedback-Nehmer den Eindruck, den sie von ihm gewonnen hat. Indem der Feedback-Geber dem Feedback-Nehmer mitteilt, was er von ihm wahrgenommen und verstanden hat und was dies in ihm auslöst, gibt er auch ein Stück seiner selbst preis.

Ein konstruktives Feedback soll:
- **beschreibend** – statt bewertend und interpretierend,
- **konkret** – statt allgemein,
- **klar** – statt verschwommen,
- **hilfreich** – statt nutzlos oder gar schädlich,
- **taktvoll** – statt rücksichtslos,
- **erbeten** – statt aufgezwungen,
- **möglichst unmittelbar** – statt sehr viel später,
- **korrekt** und damit überprüfbar sein.[6]

Übung: Feedback
Bitte denken Sie an eine Person, der Sie gern ein Feedback geben möchten.

1. Was schätzen Sie an dieser Person? Überlegen Sie sich mindestens drei positive Verhaltensweisen.

2. Welches Verhalten irritiert Sie, oder anders ausgedrückt, worüber wundern oder ärgern Sie sich?

3. Was könnte der Person helfen? Formulieren Sie einen Tipp, von dem Sie glauben, dass er umsetzbar und hilfreich ist.

4. Fragen Sie die Person, ob Sie an einem ehrlichen Feedback interessiert ist. Wenn die Person ein ehrliches Interesse bekundet, beginnen Sie mit einem Feedback des Verhaltens, das sie besonders schätzen, und fahren dann in der vorgegebenen Reihenfolge fort. Achten Sie auf die Einhaltung der Feedback-Regeln.

Wenn Sie das Feedback-Gespräch geführt haben, wie ist es verlaufen? Für die folgende Übung ist es hilfreich, sich Ihr letztes positives Gespräch zu vergegenwärtigen. Ziel dieser Übung ist es, herauszufinden, unter welchen Bedingungen Gespräche im Allgemeinen problemlos verlaufen und welche Faktoren dazu führen, dass Gespräche als anstrengend und schwierig empfunden werden. Aus der Kenntnis von Kommunikationsfehlern lassen sich Regeln ableiten und Fertigkeiten entwickeln, die eine positive Kommunikation begünstigen.

Übung: Kommunikationsfaktoren
1. Denken Sie bitte an Ihr letztes gutes Gespräch. In welchem Rahmen fand das Gespräch statt? Weshalb empfanden Sie dieses Gespräch als angenehm und/oder erfolgreich? Listen Sie bitte alle Faktoren, die Ihrer Meinung nach zum Gelingen der Kommunikation beigetragen haben, auf.

2. *Denken Sie jetzt an ein Gespräch, das für Sie sehr unbefriedigend verlief. Was lief Ihrer Meinung nach schief? Notieren Sie bitte alle Faktoren, die sich als ungünstig für den Verlauf der Kommunikation erwiesen haben.*

3. *Tauschen Sie sich mit anderen Menschen über Ihre Erfahrungen aus und erstellen Sie dann eine Liste mit allen günstigen und ungünstigen Kommunikationsfaktoren.*

Weiterführende Informationen und Übungen zu günstigem Kommunikationsverhalten finden Sie verstärkt im Kapitel 3.4., eine Liste mit günstigen Kommunikationsfaktoren im Anhang.

Bisher wurden die menschliche Wahrnehmung und subjektive Theorien zum Verständnis von Kommunikationsstörungen herangezogen.

Ein Erklärungsmodell, das ebenfalls von der Art und Weise, wie Menschen denken, ausgeht, stammt von Ned Herrmann. Basierend auf Erkenntnissen der Gehirnforschung unterscheidet Herrmann in seinem Vier-Quadranten-Modell zur Hirndominanz vier grundlegende Denkweisen, die in Kombination acht Denkstile ergeben. Welche Auswirkungen die unterschiedlichen Denkstile auf die Kommunikation haben, wird im folgenden Kapitel erörtert.

Zusammenfassung:

Selbst- und Fremdwahrnehmung
Ein Modell zur Erklärung von Diskrepanzen zwischen Selbst- und Fremdwahrnehmung ist das Johari-Fenster. Es werden vier Verhaltensbereiche unterschieden: Der Bereich der öffentlichen Person ist der Öffentlichkeit zugänglich und somit dem Individuum und den anderen bekannt. Der Bereich Privatperson ist nur der Person selbst bekannt, der Bereich des blinden Flecks zwar den anderen, aber nicht der betreffenden Person. Der Bereich des Unbewussten ist weder dem Individuum noch den anderen bekannt.

Die vier Verhaltensbereiche sind in ihren Grenzen verschiebbar. Je offener ein Mensch sich verhält, desto größer wird der Bereich der öffentlichen Person. Je stärker der Wunsch nach Feedback zum Ausdruck gebracht wird, desto kleiner wird der Bereich des blinden Flecks.

Unter Feedback versteht man eine Information an eine Person über die Wirkung ihres Verhaltens auf andere, genauer wie sie von einem anderen wahrgenommen, verstanden und erlebt wird.

Effektive Kommunikation und Kooperation setzt die Beherrschung des Gebens und Nehmens von konstruktivem Feedback voraus.

Ein konstruktives Feedback soll beschreibend, konkret, klar, hilfreich, taktvoll, erbeten, möglichst unmittelbar, korrekt und überprüfbar sein.

1.4. Denkstile

Aus der Gehirnforschung ist bekannt, dass unser Großhirn aus zwei spiegelbildlichen Hälften, Hemisphären genannt, besteht, die durch einen Nervenstrang, den Balken, miteinander verbunden sind. Über diesen Balken werden Informationen ausgetauscht.

Die linke Hemisphäre steuert die rechte Körperhälfte und die rechte Hemisphäre die linke Körperhälfte. In der linken Hemisphäre haben die logischen, analytischen Fähigkeiten ihren Platz, während in der rechten Hemisphäre die künstlerischen Fähigkeiten, Kreativität, Intuition und ganzheitliches Denken angesiedelt sind.

Von der Lage der Gehirnfunktionen ausgehend unterscheidet Herrmann in seinem Ganzhirn-Modell einerseits zwischen links- und rechtshemisphärischen Denkprozessen und andererseits zwischen zerebralen und limbischen Denkprozessen. Zerebrale Denkprozesse sind alle kognitiven und intellektuellen Denkweisen, während unter limbischen Denkprozessen alle gefühlsmäßigen, strukturierten und instinktiven Denkweisen verstanden werden. Alle Denkprozesse zusammen ergeben ein ganzheitliches Gehirn.

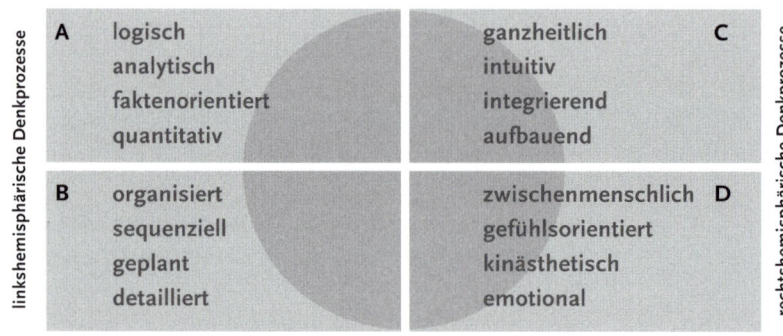

Abb. 10: Ganzhirn-Modell

An dieser Stelle sei darauf hingewiesen, dass es sich bei diesem Modell um ein metaphorisches Modell handelt. Es wird nicht davon ausgegangen, dass die Denk- und Verhaltensweisen „von der genauen Lokalisierung irgendwelcher physiologischer Substrate ab(hängen)"[7].

Neueste Erkenntnisse der Neuropsychologie sprechen dafür, dass die verschiedenen Hirnregionen spezifische Funktionen übernehmen und gleichzeitig integrativ mit den anderen Regionen zusammenarbeiten.

Obwohl das menschliche Gehirn so umfassend ausgestattet ist, werden dennoch nicht alle Potenziale gleichermaßen genutzt. Jeder Mensch entwickelt im Laufe seines Lebens mentale Präferenzen, das heißt, bestimmte

Gehirnfunktionen werden stärker genutzt als andere. Dies wiederum führt dazu, dass manche Denkweisen eher vermieden werden.

Wohl jeder kennt Menschen, die in einem Bereich über unglaubliche Fähigkeiten verfügen, Koryphäen in ihrem Fachgebiet sind und dennoch in anderen Bereichen über erstaunlich wenige Fähigkeiten verfügen.

Jede der vier Denkweisen hat Auswirkungen auf das Verhalten, auf das, was die Menschen interessiert und motiviert.

Im Folgenden werden die vier Denkstile anhand typischer Verhaltensweisen vorgestellt.

A-Quadrant

Menschen, die den A-Quadrant-Stil bevorzugen, sind sehr ergebnisorientiert. Rational wie sie sind, setzen sie vor allem auf Logik. Sie analysieren, quantifizieren, lieben den Umgang mit Zahlen und sind technisch orientiert. Ihre Entscheidungen treffen sie allein auf der Grundlage von Fakten. Da sie im Allgemeinen versuchen, Gefühle nicht zuzulassen, können sie mitunter kalt, distanziert und arrogant wirken.

B-Quadrant

Menschen, denen der B-Quadrant-Stil entspricht, zeichnen sich durch pedantische Ordnungsliebe und Verfahrenstreue aus. Zuverlässigkeit, Pünktlichkeit und Genauigkeit sind ihnen wichtig. Sie sind konservativ, stehen Veränderungen eher ablehnend gegenüber, sind betont sachlich, mögen klare Strukturen, planen bis ins Detail, treffen Vorkehrungen für alle Eventualitäten, organisieren, kontrollieren und realisieren die Dinge termingerecht. Auf ihre Umgebung wirken sie mitunter engstirnig, langweilig und unsensibel.

C-Quadrant

Dem C-Quadrant-Stil zugehörig fühlen sich Menschen, die sehr emotional sind und Wert auf gute zwischenmenschliche Beziehungen legen. Der Mensch steht im Mittelpunkt des Geschehens. Kennzeichnend für diese Menschen ist ihre Hilfsbereitschaft und die Fähigkeit, sich in andere ein- und mit ihnen mitzufühlen. Sie reden und unterrichten gern und bewegen sich viel. Da sie sich nach Möglichkeit nicht mit Fakten, Zielen, Zeit und Geld befassen wollen, wirken sie auf ihre Umwelt zwar einerseits sympathisch, andererseits aber auch ein wenig verrückt, unangepasst, undiszipliniert und sentimental.

D-Quadrant

Repräsentanten des D-Quadrant-Stils zeichnen sich durch Kreativität, Abenteuerlust und Risikofreudigkeit aus. Sie sind sehr aufgeschlossen, intuitiv, lieben Überraschungen, entwickeln neue Konzepte und experimentieren gern. Problematisch ist es, wenn sie beim ständigen Verfolgen neuer Ideen den Kontakt zur Realität verlieren. Im Allgemeinen sind Menschen mit dieser Präferenz jedoch vorausschauend und vermeiden kurzsichtige Lösungen. Reine D-Typen sind oft ungeduldig. Sie lehnen Strukturen ab, die den Ideenfluss verlangsamen oder stoppen könnten. Ihre Tendenz, in Metaphern zu sprechen, kann leicht zu Verständnisschwierigkeiten führen.

Die Schilderung der einzelnen Stile könnte den Eindruck hinterlassen, als ließen sich alle Menschen einer der vier Kategorien zuordnen. Dies ist so einfach natürlich nicht der Fall. Kein Mensch denkt und verhält sich in jeder Situation nur in einer der vier geschilderten typischen Art und Weisen. Tatsächlich verfügt jeder Mensch über Denk- und Verhaltensweisen aus allen vier Quadranten, allerdings in unterschiedlicher Ausprägung. Die meisten Menschen bevorzugen eine Kombination verschiedener Denkweisen. Es gibt Menschen mit einer Dominanz der linken Hemisphäre und andere mit einer Dominanz der rechten Hemisphäre. Ebenso gibt es Menschen mit einer Dominanz der zerebralen Modi und andere mit einer Dominanz der limbischen Modi. Menschen, die in allen vier Quadranten gleich hohe Präferenzen besitzen, sind Herrmanns Untersuchungen zufolge eher selten. Von der Hirndominanz ist abhängig, welche Denk- und Verhaltensweisen bevorzugt und in Folge häufiger benutzt werden. Das wiederum hat Einfluss darauf, welche Tätigkeiten als interessant und motivierend und welche als uninteressant und demotivierend erlebt werden. Eine starke Motivation für bestimmte Tätigkeiten führt in der Regel zu einer hohen Kompetenz in diesem Bereich. Es ist daher nicht verwunderlich, dass Untersuchungen zufolge Menschen gleicher Berufsgruppen in der Regel auch die gleichen Denkweisen bevorzugen, sprich die gleichen mentalen Präferenzen aufweisen.

Übung: Zuordnung repräsentativer Berufsgruppen

Betrachten Sie noch einmal die Stile der vier Quadranten. Welche Berufsgruppen passen besonders gut zu jedem Quadranten?

Eine Übersicht der Verteilung repräsentativer Berufsgruppen finden Sie im Anhang.

Es wurde gesagt, dass es von den bevorzugten Denkweisen abhängt, welche Tätigkeiten als motivierend und welche als demotivierend erlebt werden. Demotivierend wirken Tätigkeiten, die einer Denkweise entsprechen, die eher vermieden wird. Die Kenntnis der bevorzugten Denkweisen ermöglicht Voraussagen darüber, welche Fähigkeiten die betreffenden Personen sehr wahrscheinlich entwickeln werden und wie hoch das Engagement für bestimmte Tätigkeiten sein wird. Aus diesem Grund wird das Instrument, mit dem die bevorzugten Denkweisen bestimmt werden können, das Herrmann Dominanz Instrument H.D.I., auch häufig zur Personalauswahl eingesetzt. Das H.D.I. besteht aus einem Fragebogen mit 120 Punkten, auf dessen Basis das entsprechende Profil erstellt und auf einem Vier-Quadranten-Raster sichtbar gemacht wird.

Es folgt ein H.D.I.-Profil der Berufsgruppe Ingenieur.[8]

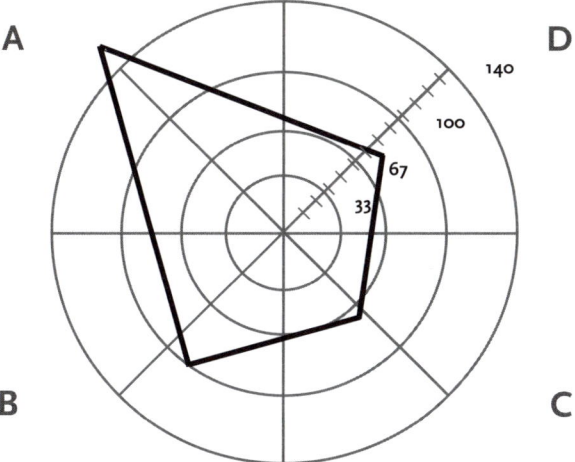

○ Werte, die über der Marke 100 liegen, zeigen eine sehr hohe Präferenz dieser Denkweise an, so dass jeder Mensch, der mit der betreffenden Person zu tun hat, diese bemerkt.

○ Ein Wert zwischen 67 und 99 besagt, dass die zugehörigen Denkweisen der Person sehr zusagen und ihr ganz natürlich erscheinen.

○ Liegt ein Wert zwischen 34 und 66, bedeutet dies, dass die Person in der Lage ist, in Abhängigkeit der Situation diese Denkweise zu nutzen.

○ Werte, die unter 34 liegen, signalisieren eine Vermeidung der zugehörigen Denkweise. Lediglich in Situationen, in denen es um Leben und Tod geht, ist eine eventuelle Nutzung denkbar. Für andere Personen ist das Fehlen der Präferenz im Allgemeinen erkennbar.

Welche Denkweisen bevorzugen Sie? In den folgenden vier Quadranten finden Sie verschiedene Tätigkeiten oder Merkmale von Tätigkeiten aufgelistet, die Sie bitte hinsichtlich ihres Motivationsgehalts betrachten.[9]

Übung: Auswahl motivierender Tätigkeiten

1. *Bitte wählen Sie aus allen aufgeführten Tätigkeiten die acht aus, die Sie am meisten motivieren.*

2. *Wählen Sie nun die zwei Tätigkeiten aus, die Sie eher als demotivierend betrachten.*

A	D
logisches Vorgehen	*Visionen haben*
analysieren und diagnostizieren	*Entwickeln von neuen Ideen*
Anwenden von Formeln	*Eingehen von Risiken*
allein arbeiten	*Abwechslung haben*
Erfüllen von vorgegebenen Soll-Werten	*Erfinden von Lösungen*
Erreichen von Zielen	*experimentieren*
Dinge managen	*gestalten*
Zusammensetzen von Dingen	*Verkaufen von Ideen*
Fragen klären	*spielerisches Vorgehen*
gefordert werden	*aufregende Dinge tun*
Lösen schwieriger Probleme	*Veränderungen bewirken*
Erläutern von Dingen	*am Beginn das Ende sehen*

B	C
alles unter Kontrolle bringen	*kommunizieren*
Aufrechterhalten des Status quo	*Beziehungen aufbauen*
für Ordnung sorgen	*mit Menschen arbeiten*
Erledigen von Schreibarbeiten	*beraten*
Dinge planen	*betreuen*
Dinge bauen	*im Team arbeiten*
Unterstützung bieten	*helfen*
stabilisieren	*unterrichten*
Strukturieren von Aufgaben	*überzeugen*
detailgetreues Arbeiten	*zuhören und reden*
verwalten	*ausdrucksvoll schreiben*
rechtzeitiges Erledigen der Dinge	*Ideen ausdrücken*

Wie sieht die Verteilung aus? Sind die motivierenden Tätigkeiten gleichmäßig auf alle Quadranten verteilt oder lässt sich eine Präferenz für einen oder zwei Quadranten herauskristallisieren? Sind die demotivierenden Tätigkeiten einem Quadranten zugeordnet?

Diese Übung gibt Ihnen einen Hinweis auf die von Ihnen bevorzugten Denkweisen und auf die, die Sie möglicherweise vermeiden. Stimmt das Ergebnis dieser Übung mit Ihrer Selbsteinschätzung Ihrer bevorzugten Denkweisen überein? Wenn Sie sich nicht sicher sind, können Sie einen Menschen, der Sie gut kennt, um seine Einschätzung bitten.

Welche Auswirkungen haben nun die bevorzugten Denkweisen auf die Kommunikation zwischen Menschen?

Übung: Bevorzugte Denkweisen
1. *Denken Sie bitte noch einmal an Ihr letztes gutes Gespräch. Stellen Sie sich Ihren Gesprächspartner vor und überlegen Sie, welche Denkweisen Ihr Gesprächspartner aus Ihrer Sicht bevorzugt. Welche Auswirkung hatte Ihrer Ansicht nach die bevorzugte Denkweise auf Ihr Gespräch?*

2. *Denken Sie nun an das letzte unbefriedigend verlaufende Gespräch. Welche Denkweise bevorzugte dieser Gesprächspartner und welchen Einfluss hatte dies auf den Gesprächsverlauf?*

Wenn Ihre Gesprächspartner die gleichen Denkweisen bevorzugen wie Sie selbst, ist die Wahrscheinlichkeit groß, dass die Kommunikation zwischen Ihnen problemlos verläuft, da Sie sich sozusagen auf der gleichen Wellenlänge befinden.

Kommunikation innerhalb desselben Quadranten

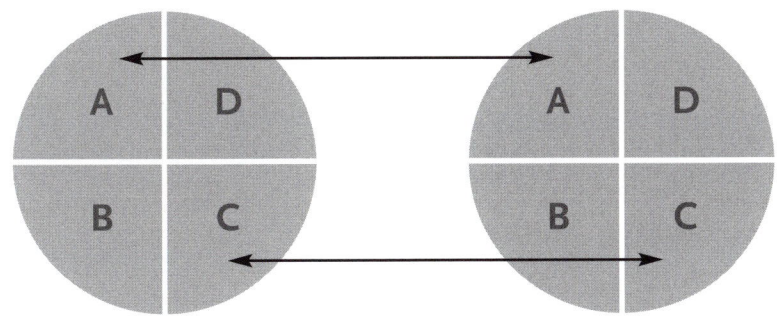

Abb. 12:
Kommunikation innerhalb des gleichen Quadranten

Prinzipiell lässt sich sagen, dass die Kommunikation zwischen Menschen, die eine Dominanz im selben Quadranten aufweisen, in der Regel am unkompliziertesten verläuft. Aufgrund der ähnlichen Präferenzen ist die Wahrscheinlichkeit hoch, dass sie die gleiche Sprache sprechen, also dem Gesagten dieselbe Bedeutung beimessen.

Kommunikation zwischen kompatiblen Quadranten

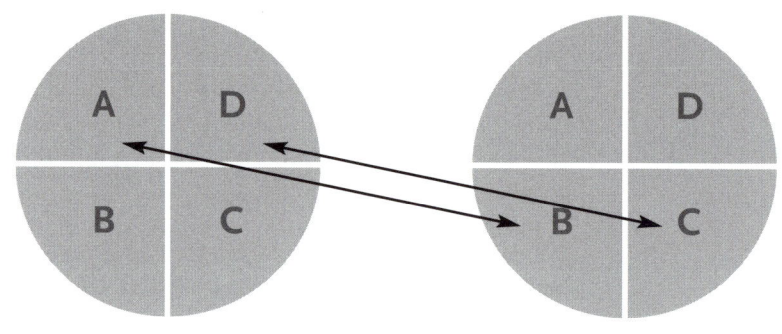

Ein wenig komplizierter und nicht ganz so effizient wie die Kommunikation zwischen Menschen mit einer Dominanz im selben Quadranten verläuft im Allgemeinen die Kommunikation zwischen Menschen, die eine Dominanz in kompatiblen Quadranten aufweisen, also links- oder rechtshemispärisch dominant sind. Da es einige Ähnlichkeiten zwischen diesen Denkweisen gibt – so favorisieren z.B. sowohl Menschen, die den A-Quadranten, als auch Menschen, die den B-Quadranten bevorzugen, ein lineares Vorgehen, misstrauen der Intuition und vermeiden Emotionen –, kann es zwischen ihnen mitunter zu einem trügerischen Gefühl des gegenseitigen Verständnisses kommen, was aber de facto nicht der Fall sein muss. Meist unterstützen und bekräftigen sie jedoch einander.

Kommunikation zwischen komplementären Quadranten

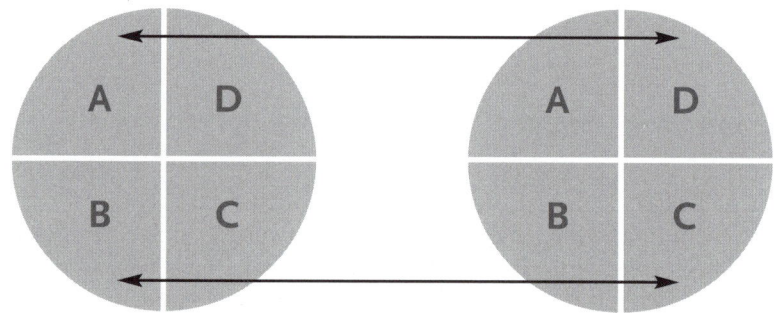

Noch etwas schwieriger gestaltet sich die Kommunikation zwischen Menschen, deren bevorzugte Denkweisen in komplementären Quadranten angesiedelt sind. Wenn es ihnen gelingt, sich auf die Sicht- und Denkweise der anderen einzulassen, profitieren alle Seiten. Es kommt zu Synergieeffekten, kreative Resultate entstehen.

Kommunikation zwischen gegenüberliegenden Quadranten

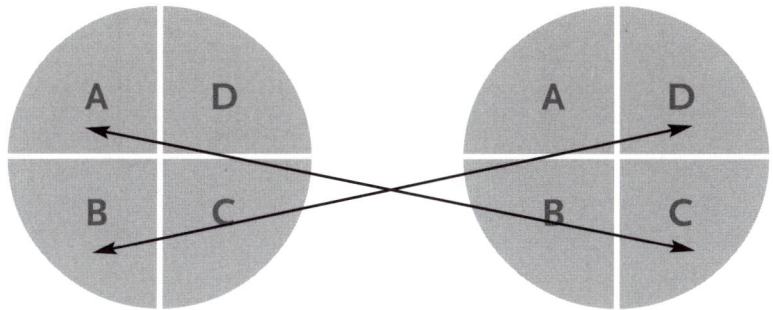

Abb. 15: Kommunikation zwischen gegenüberliegenden Quadranten

Am schwierigsten verläuft der Kommunikationsprozess, wenn die Denkweisen der Gesprächspartner entgegengesetzt sind, also dem jeweiligen diagonal gegenüberliegenden Quadranten entspringen. Diese sehr unterschiedlichen Denkweisen bieten einen großen Nährboden für Missverständnisse.

Dies ist auch ein Grund, weshalb es so häufig zu Kommunikationsstörungen zwischen Frauen und Männern kommt. Untersuchungen zufolge bevorzugen sehr viele Männer den A-Quadranten und vermeiden nach Möglichkeit den C-Quadranten, während sehr viele Frauen den C-Quadranten bevorzugen und den A-Quadranten eher vermeiden.

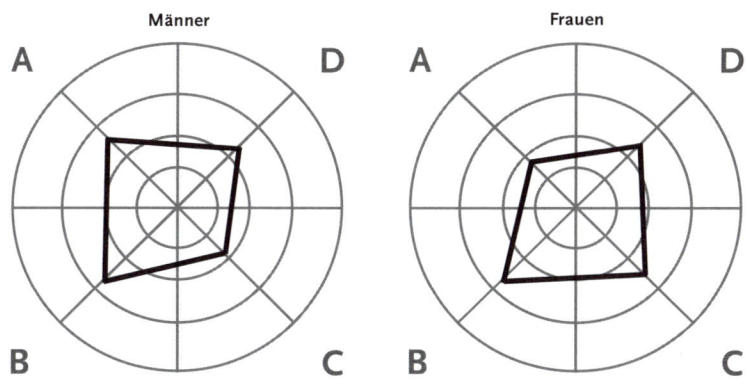

Abb. 16: Durchschnittliche H.D.I.-Profile von Frauen und Männern

35

Links- und rechtshemisphärisch dominierte Denkstile

Die geschlechtsspezifische Bevorzugung der genannten Quadranten zeigt sich auch, wenn man die kombinierten Stile betrachtet. Männer bevorzugen sehr viel häufiger den linkshemisphärisch dominierten A/B-Quadrant-Stil im Vergleich zum rechtshemisphärisch dominierten C/D-Quadrant-Stil, den Frauen häufiger vorziehen.

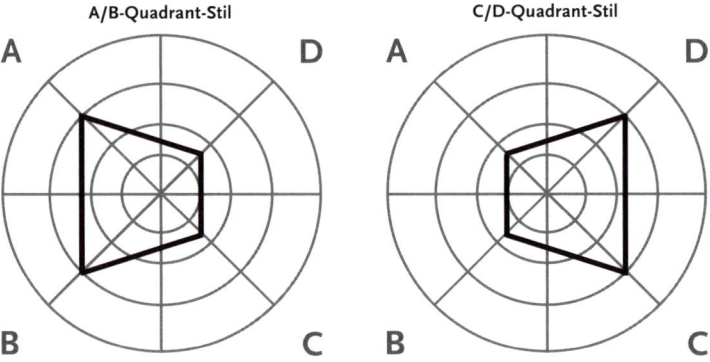

A/B-Quadrant-Stil

Kennzeichen eines ausgeprägten A/B-Quadrant-Stils ist die relativ gleichmäßige Verteilung der Präferenzen auf die Quadranten A und B. Die Kombination der Merkmale dieser beiden Quadranten, also die Bevorzugung eines rein rationalen, analytischen und ergebnisorientierten Vorgehens gepaart mit klarer Strukturgebung und Kontrolle, kann je nach Ausprägung zu einem sehr „harten" energischen Stil führen. Am häufigsten ist dieser Stil bei Männern in Führungspositionen anzutreffen, was verständlich wird, wenn man bedenkt, dass eben diese Merkmale in der westlichen Kultur vorherrschen.

C/D-Quadrant-Stil

Das Gegenstück, der C/D-Quadrant-Stil, ist ebenfalls ein sehr häufig und wie gesagt vor allem bei Frauen anzutreffender Stil. Die Bevorzugung der Quadranten C und D findet sich oft bei Menschen, die in Dienstleistungsunternehmen tätig sind. Kennzeichen dieses stark auf Menschen ausgerichteten Stils ist eine große Aufgeschlossenheit, Intuition und Flexibilität.

Zerebrale und limbische Denkstile

Geschlechtsspezifische Unterschiede sind auch beim Vergleich des zerebralen A/D-Quadrant-Stils mit dem limbischen B/C-Quadrant-Stil feststellbar. Ersterer wird häufiger von Männern bevorzugt, letzterer häufiger von Frauen.

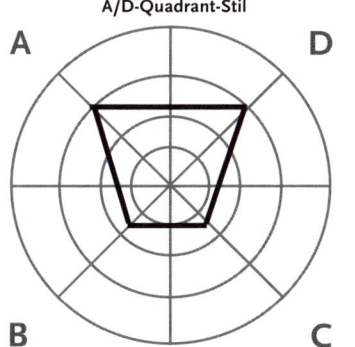

A/D-Quadrant-Stil

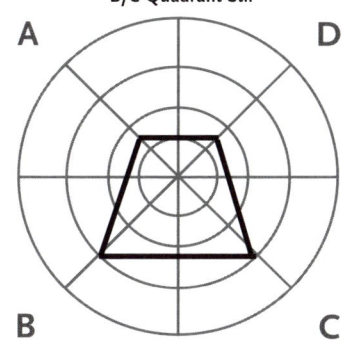

B/C-Quadrant-Stil

Abb. 18:
Zerebrale und
limbische Denkstile

A/D-Quadrant-Stil

Die Besonderheit beim A/D-Quadrant-Stil ist das Zusammenfallen von
zwei sehr unterschiedlichen Denkweisen. Auf der einen Seite wird rationa-
les, logisches und analytisches Denken bevorzugt, auf der anderen Seite
gibt es eine Vorliebe für kreatives Schaffen, wird der Intuition und der
Phantasie ein hoher Stellenwert eingeräumt. Diesen Stil, der sowohl tech-
nisches als auch experimentelles Denken beinhaltet, trifft man in unterschiedlicher Ausprägung häufig bei Unternehmen, die im Bereich Forschung und Entwicklung angesiedelt sind.

B/C-Quadrant-Stil

Wie der A/B-Quadrant-Stil hat auch der A/D-Quadrant-Stil ein Pendant –
den B/C-Quadrant-Stil. Dieser Stil vereinigt in sich die Merkmale der Quadranten B und C. Ihn findet man häufig in traditionsreichen Unternehmen, die in altbewährter Art und Weise agieren, Traditionen fortführen
und eine hohe Servicequalität bieten. Wenngleich auf Produktivität geach-
tet wird und wenn notwendig rechtzeitig Korrekturmaßnahmen ergriffen
werden, um den Status quo aufrechtzuerhalten, geschieht dies nicht zulas-
ten der in ihm tätigen Mitarbeiter. Da auch dieser Stil stark auf den Menschen ausgerichtet ist und alles getan wird, was gut für das Unternehmen
und den Einzelnen ist, verspüren die Mitarbeiter meist eine ausgeprägte
Loyalität.

Männliche und weibliche Denkweisen

Die Erkenntnis, dass Männer und Frauen unterschiedliche Denkstile bevorzugen, wird von zahlreichen Untersuchungen gestützt. Diesen Ergebnissen zufolge unterscheiden sich männliche und weibliche Denkweisen
in mehrerer Hinsicht voneinander.

Viele Männer betrachten die Dinge linear und gehen analytisch vor,
viele Frauen betrachten die Dinge ganzheitlich in ihren Zusammenhängen.

Sie verlassen sich auf ihre Intuition und ihr Gefühl, viele Männer verlassen sich auf Fakten und Theorien. Männern fällt im Allgemeinen das räumliche Denken leicht, sie erkennen Muster und abstrakte Verbindungen, sind technisch begabt und meist gut in Mathematik, Frauen hingegen sind sprachgewandter, lernen leichter Fremdsprachen, hören genauer und verstehen Prozesse besser.

Betont sei an dieser Stelle, dass die hier geschilderten geschlechtsbezogenen Ergebnisse Tendenzen aufzeigen, die für eine Vielzahl von Menschen gelten, aber eben nicht für alle. Es gibt sowohl Frauen mit ausgeprägtem A/B-Quadrant-Stil, so wie es auch Männer gibt, die eine ausgeprägte Präferenz für die Quadranten C und D aufweisen.

Es kann und soll hier also nicht darum gehen, einer Verallgemeinerung Vorschub zu leisten mit dem Ziel, Menschen einseitigen Kategorien zuzuordnen, sondern Sinn und Zweck dieser Darstellung ist vielmehr eine Sensibilisierung für die unterschiedlichen Denk- und Verhaltensweisen von Menschen, da sie ein Schlüssel zur Erklärung und Behebung von Kommunikationsstörungen sind.

Wenn Menschen erfolgreich kommunizieren wollen, müssen sie sich ihrer unterschiedlichen Denkweisen bewusst werden und lernen, ihre Kommunikation auf die unterschiedlichen Denkweisen ihrer Gesprächspartner auszurichten.

Was heißt das konkret?

Aus der Kenntnis, welche Quadranten die Gesprächspartner bevorzugen, lässt sich auch ableiten, worauf sie besonderen Wert legen. Menschen, die den A/B-Quadrant-Stil bevorzugen, legen sehr viel Wert auf Fakten, sie wünschen sich klare Strukturen und messen auch den kleinsten Details Bedeutung bei. Für Menschen, die andere Stile bevorzugen, bedeutet dies, dass sie diesem Umstand bei der Übermittlung von Informationen Rechnung tragen sollten, indem sie die Informationen entsprechend aufbereiten, genauer indem sie sich vergewissern, ob alle relevanten Fakten enthalten sind, Details berücksichtigt werden und die Informationen in einer logischen Reihenfolge übersichtlich dargeboten werden.

Auf der anderen Seite sollten Menschen mit einem ausgeprägtem A/B-Quadrant-Stil bedenken, dass Menschen, die vorwiegend den Stil der Quadranten C und D benutzen, eine ansprechende, phantasievolle Informationsdarbietung schätzen, die Verwendung von Metaphern mögen und dem Bereich der Emotionen große Aufmerksamkeit schenken. Sinnvoll ist es in jedem Fall, die Informationen so aufzubereiten, dass sie als hilfreich erlebt werden, dass ein Gesamtüberblick gegeben wird, Beispiele verwendet und Erfahrungen angesprochen werden, mit denen sich die Gesprächspartner identifizieren können.

Übung: Ganzhirngerechte Kommunikation

Stellen Sie sich bitte vor, dass Sie Mitarbeiter Ihres Unternehmens über eine bevorstehende Umstrukturierung informieren wollen. Um die Informationsweitergabe so aufzubereiten, dass sich alle Mitarbeiter angesprochen fühlen, notieren Sie bitte die Fragen, die Ihre Mitarbeiter vermutlich bewegen und auf die sie eine Antwort erwarten.

Versetzen Sie sich dazu nacheinander gedanklich in den Denkstil jedes Quadranten.

Fiel Ihnen die Übung schwer? Je schwerer es Ihnen fiel, sich in einen bestimmten Denkstil hineinzuversetzen, umso größer ist Ihre Tendenz, diesen zu vermeiden. Da verschiedene Situationen verschiedene Vorgehensweisen erfordern, sind die Menschen erfolgreicher, denen es gelingt, ihre Denk- und Verhaltensweisen an die jeweilige Situation anzupassen, das heißt, um es mit einer Metapher auszudrücken, die in der Lage sind, nach Bedarf die Schmalspur zu verlassen und auch andere Gleise als die gewohnten zu benutzen. Ein erster Schritt zur Benutzung des ganzen Gehirns ist das bewusste Üben der Denkstile, die im Allgemeinen vermieden werden.

Zusammenfassung

Im Vier-Quadranten-Modell zur Hirndominanz werden vier grundlegende Denkweisen, die in Kombination acht Denkstile ergeben, unterschieden. Jeder Mensch entwickelt im Laufe seines Lebens Präferenzen für bestimmte Denkweisen, das heißt, er nutzt einige Gehirnfunktionen stärker als andere. Die stärkere Nutzung der bevorzugten Gehirnfunktionen führt gleichzeitig dazu, dass andere Gehirnfunktionen seltener genutzt oder gar vermieden werden. Die Hirndominanz hat Einfluss darauf, welche Tätigkeiten als interessant und motivierend und welche als uninteressant und demotivierend erlebt werden. Da eine starke Motivation für bestimmte Tätigkeiten in der Regel zu einer hohen Kompetenz in diesem Bereich führt, ermöglicht die Kenntnis der bevorzugten Denkweisen Voraussagen darüber, welche Fähigkeiten die betreffenden Personen sehr wahrscheinlich entwickeln werden und wie hoch das Engagement für bestimmte Tätigkeiten sein wird.

Eine weitere Aussage, die die Kenntnis der bevorzugten Denkweisen ermöglicht, ist die Wahrscheinlichkeit des Auftretens von Kommunikationsstörungen.

Zwischen Menschen, die die gleichen Denkweisen bevorzugen und innerhalb desselben Quadranten kommunizieren, verläuft die Kommunikation im Allgemeinen problemlos, da die gleiche Sprache gesprochen wird. Ein wenig komplizierter und nicht ganz so effizient wie die Kommunikation zwischen Menschen mit einer Dominanz im selben Quadranten verläuft in der Regel die Kommunikation zwischen Menschen, die eine Dominanz in kompatiblen Quadranten aufweisen, also links- oder rechtshemispärisch dominant sind. Noch etwas schwieriger gestaltet sich die Kommunikation zwischen Menschen, deren bevorzugte Denkweisen in komplementären Quadranten angesiedelt sind. Am schwierigsten verläuft der Kommunikationsprozess, wenn die Denkweisen der Gesprächspartner entgegengesetzt sind, also dem jeweiligen diagonal gegenüberliegenden Quadranten entspringen. Diese sehr unterschiedlichen Denkweisen bieten einen großen Nährboden für Missverständnisse.

2. Kommunikationsmodelle

Kommunikation ist ein so komplexes Geschehen, dass sich ein ganzer Wissenschaftszweig ihrer Erforschung widmet. Die im Folgenden vorgestellten Kommunikationsmodelle beleuchten unterschiedliche Aspekte und ergänzen sich gegenseitig.

2.1. Axiome der Kommunikation

Egal wie sich ein Mensch verhält, ob er spricht oder schweigt, was immer er tut, er kann nicht verhindern, dass er mit jedem Verhalten eine Botschaft sendet, die vom Empfänger interpretiert wird. Diese Erkenntnis findet ihren Niederschlag im ersten Axiom der Kommunikation von Watzlawick und lautet: „Man kann nicht nicht kommunizieren."[10]

Ob eine Kommunikation gut oder schlecht verläuft, hängt wesentlich von der Qualität der Beziehung ab. Sie ist die wichtigste Voraussetzung jeder guten Kommunikation. Watzlawick war der erste Kommunikationsforscher, der explizit in seinem zweiten Axiom formuliert hat, dass jede Kommunikation einen „Inhalts- und einen Beziehungsaspekt" enthält und dass letzterer der dominierende ist, da er bestimmt, wie der Inhalt aufzufassen ist. Das heißt, bei jeder Kommunikation werden neben Informationen auf der Sachebene auch Informationen über die Beziehung ausgetauscht, wobei die Interpretation des Inhalts von der Interpretation der Beziehung abhängt.

Beispiel:

Ein Abteilungsleiter fragt seinen Mitarbeiter:

◗ *„Wie viel Zeit werden Sie für die Abwicklung des Auftrages benötigen?"*

Wenn die Beziehung zwischen Abteilungsleiter und Mitarbeiter gut ist, wird der Mitarbeiter vermutlich überlegen, welche Aufgaben noch erledigt werden müssen, um den Auftrag abschließen zu können, und dann dem Abteilungsleiter die geschätzte Zeit mitteilen. Bei dieser problemlosen Kommunikation könnte die Botschaft, die vom Abteilungsleiter auf der Beziehungsebene gesandt wird, lauten:

◗ *„Ich schätze Sie als Mitarbeiter, der genau weiß, was zu tun ist, und ich bin mir sicher, dass ich mich auf Ihre Angaben verlassen kann."*

Der Mitarbeiter könnte denken:

◗ *„Der Chef vertraut mir. Er braucht die Daten für die weitere Planung, also gebe ich sie ihm."*

Die Kommunikation könnte etwas anderes bewirken, wenn die Beziehung zwischen Abteilungsleiter und Mitarbeiter von einer oder beiden Seiten als nicht gut beurteilt wird. In diesem Fall könnte die gleiche Frage auf der Beziehungsebene die Botschaft enthalten:

◗ *„Ich misstraue Ihnen und lasse Sie wissen, dass ich Ihre Aktivitäten genau beobachte."*

Der Mitarbeiter könnte denken:

◗ *„Der Chef hat etwas gegen mich. Er kontrolliert mich ständig."*

Ein anschauliches Bild für den Prozess der Kommunikation ist die Vorstellung, dass zwei Eisberge aufeinander treffen. Der sichtbare Teil entspricht der Sachebene, der unsichtbare Teil der Beziehungsebene. Auch wenn die Kommunikation noch so sachlich erscheint, der unsichtbare Teil unter der Oberfläche schwingt immer mit.

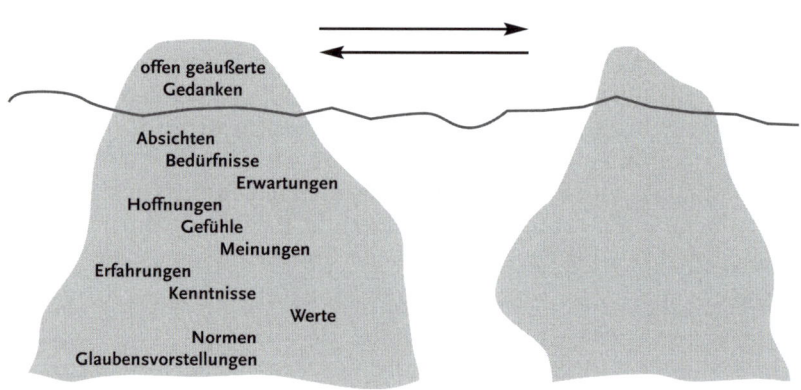

Abb. 19: Eisberge

2.1.1. Grundpositionen

Prinzipiell lassen sich auf der Beziehungsebene vier Grundpositionen unterscheiden.

1. Ich bin o.k. und du bist o.k.
2. Ich bin o.k., aber du bist nicht o.k.
3. Ich bin nicht o.k., aber du bist o.k.
4. Ich bin nicht o.k. und du bist nicht o.k.[11]

Menschen, die die erste Grundposition vertreten, gehen davon aus, dass jeder Mensch, so wie er ist, in Ordnung ist und unsere Wertschätzung verdient.

Vertreter der zweiten Grundposition vertreten die Ansicht, dass nur sie, so wie sie sind, in Ordnung sind, aber nicht die anderen.

Aus der dritten Grundposition betrachtet sind die anderen in Ordnung, nur die eigene Person wird als unzulänglich bewertet.

Menschen, die die vierte Grundposition vertreten, können weder an sich noch an anderen etwas Positives entdecken.

2.1.2. Abwehrmanöver

Wie oben ausgeführt hat jeder Mensch das Bedürfnis, sein Selbstwertgefühl zu erhöhen bzw. aufrechtzuerhalten. Ist das Selbstwertgefühl in Gefahr, werden alle Register gezogen, um dieses zu schützen. Alle Menschen reagieren, wenn sie ihr Selbstwertgefühl bedroht sehen, meist mit einem von vier „Abwehrmanövern".[12]

Das heißt konkret: Immer dann, wenn Menschen das Gefühl haben, missachtet oder angegriffen zu werden, reagieren sie entweder mit:

Angriff in Form von Anklagen

Abb. 20:
Abwehrmanöver Nr. 1

oder **sie machen sich größer,** indem Sie die eigene Kompetenz hervor-
heben,

oder **sie machen sich kleiner,** indem sie beschwichtigen,

oder **sie ergreifen die Flucht,** und wenn das nicht möglich ist, lenken sie
vom Thema ab.

Bezogen auf die vier Grundpositionen heißt das, dass Kommunikationen, in denen ein Gesprächspartner entweder sich selbst oder den anderen nicht wertschätzt, also aus den Grundpositionen 2, 3 und 4 heraus kommuniziert, auf Dauer unweigerlich zu Störungen führen.

Vielleicht fragen Sie sich jetzt, weshalb die Grundposition 3 ebenfalls zu einer Kommunikationsstörung führen kann, da in dieser Situation ja der Gesprächspartner im Gegensatz zur eigenen Person nicht direkt abgewertet wird.

Nehmen wir dazu noch einmal das oben genannte Beispiel, in dem die Mitarbeiterin auf die Aussage ihres Chefs mit: „Oh Gott, oh Gott, was hab ' ich bloß falsch gemacht ..." reagiert.

Stellen Sie sich bitte vor, wie Sie sich fühlen würden, wenn Sie der Chef wären und Ihre Mitarbeiterin so reagieren würde.

Viele Menschen verspüren in einer derartigen Situation Ärger, zumindest sind sie irritiert. Vielleicht würden sie denken:

„Was ist denn das für eine Mimose, wie kann man nur so empfindlich sein!" Denkbar ist auch, dass in ihnen ein leichtes Schuldgefühl entstehen würde, weil sie glauben, vielleicht nicht die der Situation angemessene Form der Kommunikation gewählt zu haben, also dass sie nicht einfühlsam, sondern von oben herab kommunizierten. Auch in diesem Fall ist das Auftreten von Ärger wahrscheinlich, vor allem, wenn sie sich selbst für einen guten Kommunikator halten. Dieser Ärger wird, wenn er nicht thematisiert wird, unterschwellig die weitere Kommunikation beeinflussen.

Ich verhalte mich herablassend, weil sie sich so klein macht.

Ich fühle mich klein, weil er sich so herablassend verhält.

Das Fatale an diesem so genannten Teufelskreis ist der Umstand, dass beide Gesprächspartner jeweils dem anderen die Schuld dafür geben, dass sie sich schlecht fühlen. Sie merken nicht, dass ein Verhalten das andere bedingt und verstärkt. Tatsache ist, dass es keinen Sinn macht, nach dem wahren Schuldigen zu suchen, denn es gibt ihn nicht. Diese Erkenntnis hat Watzlawick in seinem **dritten Axiom** der Kommunikation festgehalten, welches besagt, dass „die Natur einer Beziehung [...] durch die Interpunktion der Kommunikationsabläufe seitens der Partner bedingt" [13] ist.

Interpunktion meint hier das willkürliche Festsetzen von Anfangspunkten durch die Partner. (Jeder hält den anderen für den Verursacher, also für denjenigen, der mit einem bestimmten Verhalten angefangen und damit die eigene Reaktion heraufbeschworen hat.) Da jede Kommunikation aber kreisförmig verläuft, ist es müßig, nach einem Anfang oder dem Verursacher einer Kommunikationsstörung Ausschau zu halten.

Das **vierte Axiom** postuliert, dass es verschiedene Kommunikationsformen gibt, die sich gegenseitig ergänzen.

Watzlawick unterscheidet zwischen „digitaler" und „analoger" Kommunikation. Digitale Kommunikation meint den Austausch mittels der Sprache, analoge Kommunikation den Austausch mittels Zeichen. Mimik, Gestik, Intonation, Bilder, Geschenke sind analoge Kommunikationsmittel. Der Inhalt einer Nachricht wird digital übermittelt, während Aussagen über die Beziehung vorwiegend analog erfolgen. Kennzeichen digitaler Kommunikation ist eine logische Syntax. Sie ermöglicht eine eindeutige Kommunikation. Obgleich es der analogen Kommunikation an logischer Syntax mangelt (es gibt z.B. keine Zeichen für Verknüpfungen wie „wenn – dann", „entweder – oder" usw.), ist sie auf dem Gebiet der Beziehung der digitalen Kommunikation überlegen. Dies lässt sich darauf zurückführen, dass Zeichen eine gewisse Ähnlichkeit zum Gegenstand aufweisen, Worte hingegen nicht.

Das **fünfte Axiom** besagt, dass „zwischenmenschliche Kommunikationsabläufe [...] entweder symmetrisch oder komplementär (sind), je nachdem, ob die Beziehung zwischen den Partnern auf Gleichheit oder Unterschiedlichkeit beruht"[14].

In symmetrischen Beziehungen ist das Verhalten gewissermaßen spiegelbildlich. Die Partner sind ebenbürtig und streben nach Gleichheit und Minimierung von Unterschieden. Komplementäre Beziehungen hingegen basieren auf Unterschieden. Die Verhaltensweisen der Partner ergänzen sich gegenseitig.

Beispiel:
Mutter – Kind; Lehrer – Schüler; Arzt – Patient

Zusammenfassung:

Axiome der Kommunikation
1. Axiom:
„Man kann nicht nicht kommunizieren."

2. Axiom:
Jede Kommunikation enthält einen „Inhalts- und einen Beziehungsaspekt", wobei letzterer der dominierende ist, da er bestimmt, wie der Inhalt aufzufassen ist.

3. Axiom:
Die Natur einer Beziehung hängt von der Art und Weise ab, wie Partner Kommunikationsabläufe interpunktieren.

4. Axiom:
Menschen kommunizieren sowohl „digital" als auch „analog". Digitale Kommunikation meint den Austausch mittels der Sprache, analoge den Austausch mittels Zeichen. Kennzeichen digitaler Kommunikation ist eine logische Syntax. Obgleich es analoger Kommunikation an dieser mangelt, ist sie dennoch auf dem Gebiet der Beziehung der digitalen Kommunikation überlegen. Dies lässt sich auf die den Zeichen immanente Ähnlichkeit zum Gegenstand zurückführen, die Worten fehlt.

5. Axiom:
„Zwischenmenschliche Kommunikationsabläufe sind entweder symmetrisch oder komplementär, je nachdem, ob die Beziehung zwischen den Partnern auf Gleichheit oder Unterschiedlichkeit beruht."

2.2. Vier-Aspekte-Modell

Ein weiteres Modell zur Analyse von Kommunikationsstörungen stammt von Friedemann Schulz von Thun.[15]

Ausgehend von Watzlawicks Unterscheidung zwischen dem Inhalts- und dem Beziehungsaspekt einer Nachricht, fügt Schulz von Thun diesen Aspekten zwei weitere hinzu. Es sind dies der Selbstkundgabe- und der Appellaspekt. Demnach enthält jede Nachricht, die gesendet wird, neben den Informationen, die den Inhalt (in diesem Modell Sache genannt) und die Beziehung betreffen, auch Informationen über den Sender sowie einen an den Empfänger gerichteten Appell.

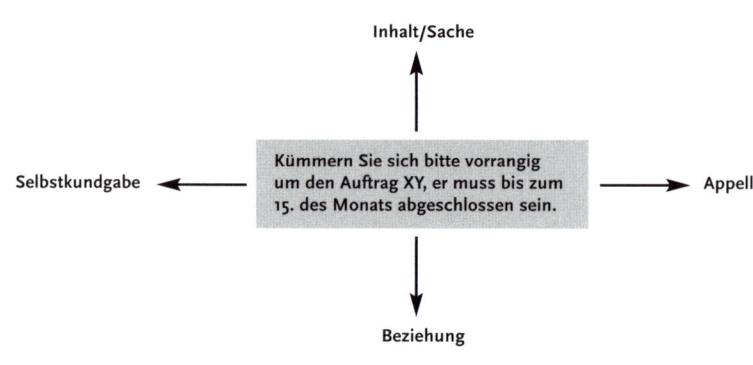

Abb. 25:
Vier-Aspekte-Modell

Inhalt
Die inhaltliche Aussage dieser Information liegt auf der Hand; der Sender möchte sicherstellen, dass der Auftrag XY am 15. des Monats abgeschlossen ist. So weit, so gut. Was sagt der Sender über sich selbst? Wir können es nicht genau wissen, nur vermuten.

Selbstkundgabe
Eine Interpretation ist: Der Sender befürchtet, dass der Termin nicht eingehalten werden könnte, und fühlt sich deshalb unter Druck gesetzt. Auf Grund der Verantwortung, die auf ihm lastet, und des daraufhin verspürten Druckes sieht er sich genötigt, die Wichtigkeit der Termineinhaltung hervorzuheben.

Beziehung
Je nachdem wie die Beziehung vom Sender und vom Empfänger der Nachricht definiert wird, kann der Botschaft z.B. Folgendes entnommen werden: Der Sender glaubt, dass der Empfänger allein nicht in der Lage ist, Prioritäten zu setzen, und dazu tendiert, sich zu verzetteln.

Appell

Der Aufforderungscharakter dieser Nachricht kann vielfältiger Natur sein. Sie reicht von: Beeilen Sie sich, konzentrieren Sie sich usw. bis zu verzetteln Sie sich nicht.

Wenngleich jede Nachricht Informationen auf den beschriebenen vier Ebenen enthält, werden dennoch im Normalfall nicht alle Aspekte gleichermaßen wahrgenommen. Schulz von Thun vertritt die Ansicht, dass Menschen bevorzugt eine Seite wahrnehmen.

Menschen, bei denen das so genannte „Selbstkundgabeohr" stark ausgeprägt ist, achten vor allem auf das, was der Sender über sich selbst mitteilt. Menschen, die in jeder Nachricht einen Appell wittern, hören auf diesem Ohr besonders gut. Wer sich stark auf den Inhalt, also die Sache konzentriert, wird unter Umständen nicht mitbekommen, was der Gesprächspartner indirekt, sozusagen „durch die Blume" sagen will. Menschen mit stark ausgeprägtem Beziehungsohr hören besonders gut alle Botschaften auf der Beziehungsebene.

Wie im Kapitel 1.2. näher erörtert, interpretieren Menschen alle Botschaften so, dass sie in ihr Selbstbild passen. Ein Mensch mit einem schwachen Selbstwertgefühl wird demnach jede noch so harmlose Botschaft so interpretieren, dass sein negatives Selbstbild bestätigt wird, und entsprechend reagieren. Auf diese Weise kommt es häufig zu Missverständnissen. Empfänger reagieren auf einen Aspekt, den der Sender überhaupt nicht im Blickfeld hatte.

Kommen wir noch einmal auf das oben beschriebene Beispiel zurück. Je nachdem mit welchem Ohr der Empfänger die Nachricht wahrgenommen hat, wird er unterschiedlich reagieren.

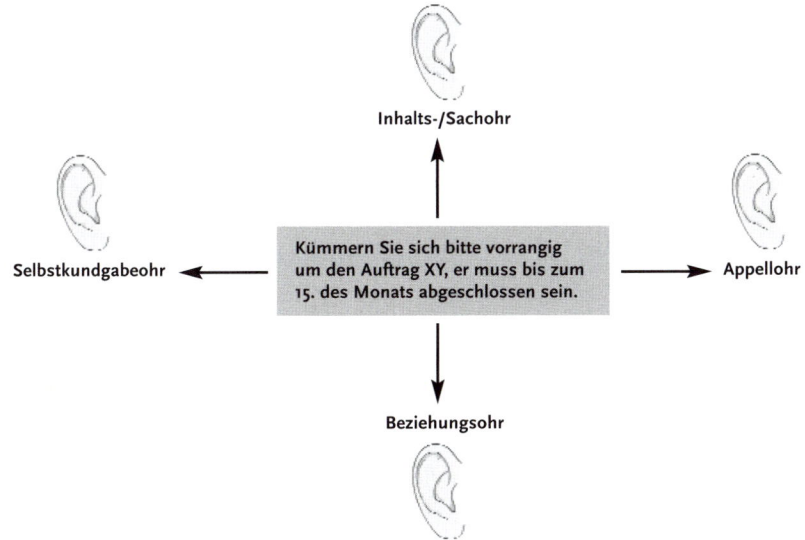

Inhalts-/Sachohr

Selbstkundgabeohr

Kümmern Sie sich bitte vorrangig um den Auftrag XY, er muss bis zum 15. des Monats abgeschlossen sein.

Appellohr

Beziehungsohr

Abb. 26:
Vier Ohren

Ein Empfänger mit ausgeprägtem **Inhalts-/Sachohr** wird vor allem auf den Inhalt achten und entsprechend reagieren. Er könnte denken:

„Aha, es wird zeitlich eng. Der Auftrag hat ab sofort oberste Priorität. Ich stelle alles andere zurück, um den Termin zu halten."

Einem Empfänger, dessen Ohr sich auf den Aspekt der **Selbstkundgabe** richtet, könnten die Gedanken kommen:

„Mann oh Mann, der steht aber unter Druck." Oder: „Aha, man will sich wieder profilieren und zeigen, wo es langgeht."

Wer stark mit seinem **Beziehungsohr** hört, denkt vielleicht:

„Glaubt der, dass ich meine Zeitplanung nicht im Griff habe? Was hält der eigentlich von mir?"

Ein Empfänger mit ausgeprägtem **Appellohr** könnte denken:

„Ich bin ihm nicht schnell genug, und er will, dass ich mich beeile, um ja rechtzeitig fertig zu werden."

Mit welchem Ohr hören Sie besonders gut? Die folgenden Übungen können Ihnen helfen, Ihre Präferenzen herauszufinden.

Übung: Analyse der vier Kommunikationsaspekte
Bitte analysieren Sie die folgende Aussage hinsichtlich ihrer vier Seiten:
◗ *Der Drucker funktioniert schon wieder nicht.*

Wie würden Sie voraussichtlich reagieren, wenn es zu Ihren Aufgaben gehören würde, dafür zu sorgen, dass der Drucker schnellstens wieder funktioniert?

Übung: Analyse der bevorzugten Ohren
Für die folgende Übung benötigen Sie 2 Mitspieler.

1. *Denken Sie bitte noch einmal an Ihr letztes, für Sie unbefriedigend verlaufendes Gespräch zurück. Notieren Sie kurz die Anfangssituation, denn diese dient als Grundlage für ein Rollenspiel, an dem Sie als Beobachter teilnehmen sollen.*

2. *Bilden Sie nun Dreier-Gruppen, und einigen Sie sich darauf, wer mit seiner Schilderung der ausgewählten Gesprächssituation beginnt. Die Aufgabe des Erzählers ist es, die Teilnehmer zu bitten, die Rollen, die er so detailliert wie nötig beschreibt, zu übernehmen und ein Gespräch zu simulieren. Während des Rollenspiels beobachtet der Erzähler den Gesprächsverlauf unter der Fragestellung, auf welche Kommunikationsaspekte die beiden Rollenspieler besonders stark reagieren. Die Aufgabe der Rollenspieler ist es, sich in die ihnen zugedachte Rolle hineinzuversetzen und im Anschluss ein konstruktives Gespräch zu führen.*

3. *Nach dem Gespräch berichten zuerst die beiden Rollenspieler, wie sie sich in der jeweiligen Rolle gefühlt haben, und danach teilt der Beobachter seine Eindrücke mit.*

4. *Nach dem Austausch schildert der nächste Teilnehmer seine Gesprächssituation und bittet die beiden anderen, die entsprechenden Rollen zu übernehmen.*

Die Übung ist abgeschlossen, wenn jeder Teilnehmer einmal die Rolle des Beobachters innehatte.

Die Annahme, dass Menschen bevorzugt einen Kommunikationsaspekt wahrnehmen, lässt die Schlussfolgerung zu, dass Menschen dazu tendieren, in einer ganz spezifischen Art und Weise zu kommunizieren. In der Tat gibt es Menschen, die bestimmte Kommunikationsstile häufiger als andere einsetzen. Trotzdem wäre es falsch, den Menschen nur einen Kommunikationsstil zuzuschreiben. Die Art und Weise, wie Menschen kommunizieren, hängt von verschiedenen Faktoren ab wie

- der Art der Beziehung,
- der inneren Verfassung der Gesprächspartner,
- dem Gesprächsthema und
- den Rahmenbedingungen wie Gesprächsanlass, mögliche Konsequenzen, Ort, Zeit, Temperatur usw.

Wenn ein Mensch dennoch in verschiedenen Situationen bevorzugt ein und denselben Kommunikationsstil benutzt, also – um es mit einer Metapher zu sagen – immer wieder in das gleiche Fahrwasser gerät, liegt die Vermutung nahe, dass hier unbewusst ein Spiel gespielt wird, in dem beide Gesprächspartner komplementäre Rollen einnehmen.

Ein Modell, das sich hervorragend zur Analyse derartiger Spiele eignet, stammt von Eric Berne, dem Begründer der Transaktionsanalyse. Die Grundlagen dieser Persönlichkeitstheorie werden im folgenden Kapitel vorgestellt.

Zusammenfassung:

Vier-Aspekte-Modell
Jede Nachricht enthält vier Seiten oder Aspekte. Dies sind:

○ der Inhalts-/Sachaspekt mit Informationen über den Sachverhalt,

○ der Selbstkundgabeaspekt mit Informationen über den Sender,

○ der Beziehungsaspekt mit Informationen über die Beziehung und

○ der Appellaspekt mit einem an den Empfänger gerichteten Appell.

Obwohl Nachrichten alle beschriebenen Aspekte enthalten, werden sie dennoch nicht alle im gleichen Ausmaß wahrgenommen. Viele Menschen nehmen bevorzugt eine Seite wahr, das heißt, sie hören bevorzugt mit einem Ohr und blenden dabei die anderen Seiten aus.

2.3. Transaktions-Analyse

Mit der Transaktions-Analyse (TA) stellte Eric Berne nicht nur eine Theorie der menschlichen Persönlichkeit vor, sondern begründete zugleich eine neue Konzeption der Psychotherapie.[16] Die folgende Darstellung beschränkt sich auf die Elemente der Transaktions-Analyse, die zum Verstehen menschlicher Kommunikation besonders bedeutsam sind. Für eine umfassende Einführung in die TA sei deshalb auf die umfangreiche Literatur verwiesen.

Die Transaktions-Analyse umfasst vier Bereiche:

○ Die **Strukturanalyse** – sie ist die Grundlage und beschäftigt sich mit der Persönlichkeitsstruktur des Menschen.

○ Die **Transaktionsanalyse** betrachtet die Kommunikation, die zwischen den Menschen abläuft.

○ Die **Spielanalyse** sucht nach Mustern oder Regeln, die in festgefahrenen Kommunikationsabläufen wirken.

○ Die **Skriptanalyse** erforscht das Lebensmanuskript. Dies ist das Drehbuch oder der Plan, dem die Menschen im Verlauf ihres Lebens folgen.

2.3.1. Strukturanalyse

Die Strukturanalyse als Fundament der Transaktionsanalyse basiert auf der Annahme, dass der Mensch in seinem Denken, Fühlen und Verhalten in verschiedenen Situationen verschiedene Ich-Zustände einnimmt. Dargestellt sind diese im Ich-Zustands-Modell, auch Strukturdiagramm erster Ordnung genannt:

2.3.1.1. Strukturdiagramm erster Ordnung

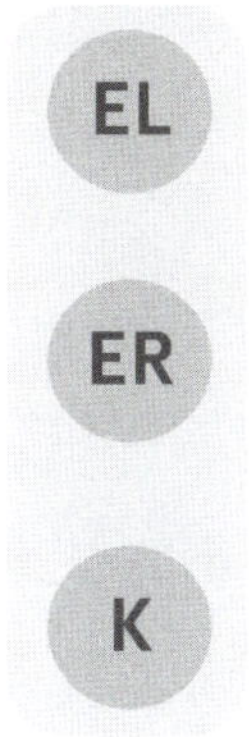

Im **Eltern-Ich-Zustand** zeigt der Mensch das Verhalten, Denken und Fühlen, das er von Eltern oder Elternfiguren übernommen hat.

Im **Erwachsenen-Ich-Zustand** entspringt das Verhalten, Denken und Fühlen der Gegenwart, es erfolgt eine direkte Reaktion auf das Hier und Jetzt.

Im **Kind-Ich-Zustand** befindet sich der Mensch, wenn das in der Gegenwart ablaufende Verhalten, Denken und Fühlen seinen Ursprung in der Kindheit hat.

Abb. 27:
Ich-Zustands-Modell

Aus der Beschreibung der Ich-Zustände könnte der Eindruck entstehen, dass der Erwachsenen-Ich-Zustand der in jeder Situation angemessenste Ich-Zustand sei. Dies ist so nicht der Fall. Transaktionsanalytiker betonen, dass jeder Mensch idealerweise alle Ich-Zustände zur Verfügung haben sollte, um aus diesen nach Bedarf auswählen zu können. Jeder Ich-Zustand hat Vor- und Nachteile, keiner ist an sich gut oder schlecht. Deshalb ist es wichtig, die Ich-Zustände wertfrei zu sehen. Es ist also nicht erstrebenswert, als Erwachsener nur aus dem Erwachsenen-Ich-Zustand heraus zu agieren, sondern die Möglichkeit der Wahl zu haben.

Das Ich-Zustands-Modell eignet sich hervorragend zur Erklärung von Kommunikationsstörungen, da die Entstehung dieser durch die Analyse der jeweils eingenommenen Ich-Zustände sichtbar und nachvollziehbar gemacht werden können.

Dazu ist es hilfreich, sich die einzelnen Ich-Zustände genauer anzusehen und weitere Differenzierungen vorzunehmen. Eric Berne sprach hier von der funktionalen Analyse der Ich-Zustände.

2.3.1.2. Funktionsanalyse der Ich-Zustände

Eltern-Ich-Zustand
- ➲ kritisches Eltern-Ich
- ➲ fürsorgliches Eltern-Ich

Erwachsenen-Ich-Zustand

Kind-Ich-Zustand
- ➲ angepasstes Kind-Ich
- ➲ rebellisches Kind-Ich
- ➲ natürliches Kind-Ich

Abb. 28: Ich-Zustände

Diese Differenzierungen werden von Transaktionsanalytikern heute unterschiedlich benannt. Manche sprechen anstelle vom „fürsorglichen Eltern-Ich" vom „nährenden" oder „stützenden Eltern-Ich". Anstelle des „natürlichen Kind-Ich" tritt das „freie Kind-Ich". Das rebellische Kind-Ich wird von einigen Transaktionsanalytikern unter dem „angepassten Kind-Ich" subsumiert, da rebellisches Verhalten als gegengerichtete Form von Anpassung verstanden wird.

Welche Verhaltensweisen verbergen sich nun hinter den einzelnen Ich-Zuständen? Bevor diese Frage beantwortet wird, möchte ich Sie bitten, eigene Überlegungen anzustellen.

Übung: Ich-Zustände
Was glauben Sie, wie könnte sich eine Person verhalten, die sich gerade im „kritischen Eltern-Ich-Zustand" befindet?

Überlegen Sie sich bitte für jeden Ich-Zustand mindestens ein Beispiel.

Die im Folgenden beschriebenen Verhaltensweisen sind typisch für den jeweiligen Ich-Zustand.

Im **fürsorglichen Eltern-Ich-Zustand** verhält sich der Mensch vorwiegend: unterstützend, ermutigend, lobend, hilfsbereit, mitfühlend, besorgt, tröstend usw.
    Häufig benutzte Redewendungen sind: Kopf hoch ..., Wird schon wieder ..., Gut gemacht ..., Du schaffst das schon ..., Ich helfe dir.

Ein Mensch, der sich im **kritischen Eltern-Ich-Zustand** befindet, wird von seinem Gesprächspartner folgendermaßen erlebt: bewertend, zurechtweisend, dogmatisch, Grenzen aufzeigend, tadelnd, befehlend usw.

Redewendungen wie: Das macht man so ..., Du musst ..., Du sollst ..., Ich hab schon 100-mal gesagt ..., Hör auf usw. werden häufig gebraucht.

Im **Erwachsenen-Ich-Zustand** ist ein Mensch, wenn er sich sachlich, objektiv, abwägend, konzentriert, Fragen stellend, kooperativ, emotionslos usw. verhält.

Typische Satzanfänge sind: Ich denke ..., Meiner Meinung nach ..., Ich nehme an ..., Verglichen mit usw. Es werden häufig Fragen gestellt, die mit wer, wie, was, wann, wo, warum beginnen.

Im **angepassten Kind-Ich-Zustand** kommen folgende Verhaltensweisen zum Vorschein: folgsam, vorsichtig, sich produzierend, Beifall heischend, unsicher, hilflos, klagend usw.

Häufige gestellte Fragen und Aussagen sind: Warum immer ich?, War das gut so?, Ich kann das nicht ..., Ist doch nicht meine Schuld ...

Der **rebellische Kind-Ich-Zustand** steht dem angepassten Kind-Ich-Zustand gegenüber. Das Verhalten kann mit aufsässig, launisch, wütend, trotzig, gehässig, aggressiv usw. umschrieben werden.

In Äußerungen und Reaktionen wird der Eindruck vermittelt: Nun gerade nicht ..., Du kannst mich mal ..., Mir doch egal ..., Lass mich in Ruhe usw.

Folgende Verhaltensweisen werden dem **natürlichen Kind-Ich-Zustand** zugeordnet: spontan, unbekümmert, witzig, spielerisch, neugierig, kreativ, egoistisch, rücksichtslos, pfeifend, singend, tanzend, springend, lustig, traurig, echt usw.

Erkennbare Redewendungen und Verhaltensweisen sind: Ich will ..., Super! ..., Klasse! ..., Ätsch! usw.

> **Übung: Erkennen von Ich-Zuständen**
> *Bitte ordnen Sie die nachfolgenden Äußerungen einem der genannten Ich-Zustände zu. Überprüfen Sie, inwieweit Gestik, Mimik und Intonation für die Zuordnung der Ich-Zustände relevant sind. Tauschen Sie sich anschließend mit anderen über Ihre Zuordnungen aus.*

Ich-Zustände:

fürsorgliches Eltern-Ich: f EL
kritisches Eltern-Ich: k EL
Erwachsenen-Ich: ER
angepasstes Kind-Ich: a K
rebellisches Kind-Ich: r K
natürliches Kind-Ich: n K

Ich-Zustand	**Äußerungen**

1. *Abteilungsleiter zum Mitarbeiter: „Bitte kommen Sie morgen um 10.00 Uhr zu mir ins Büro."*

2. *Mitarbeiter zum Kollegen: „Die denken auch, mit uns können sie es machen. Bin gespannt, wie viel Arbeit die uns noch zusätzlich aufhalsen wollen."*

3. *Mitarbeiter zum Praktikanten: „Der Kopierer geht mal wieder nicht. Seien Sie so nett und rufen bitte den Reparatur-Service an. Aber sagen Sie denen, es ist dringend, die sollen sich beeilen."*

4. *Vorgesetzter zur Mitarbeitern: „Am ... findet im Rahmen der QM-Zertifizierung ein internes Audit statt. Bitte überprüfen Sie noch einmal alle Arbeitsabläufe hinsichtlich der festgelegten Normen."*

5. *QM-Beauftragter zur Sachbearbeiterin: „Kennen Sie eigentlich die neuesten DIN-Regeln?"*

6. *Mitarbeiter zum Vorgesetzten: „Ich habe den Auftrag noch nicht bearbeitet, aber ich habe auch zu viel zu tun, es ist einfach nicht zu schaffen."*

7. *Vorgesetzter zum Mitarbeiter: „Wie viel Zeit werden Sie voraussichtlich noch benötigen?"*

8. *Mitarbeiter zum Praktikanten: „Na prima, das haben Sie doch gut hingekriegt. Weiter so."*

9. *Vorgesetzter zu Mitarbeitern: „Ich schlage vor, dass wir zunächst alle Ideen sammeln und im Anschluss abwägen."*

10. *Mitarbeiter zum Mitarbeiter: „Die Chefin kann mich mal. Ich sehe gar nicht ein, dass ich immer die Drecksarbeit machen soll."*

11. *Vorgesetzter zur Mitarbeiterin: „Nun lassen Sie nicht gleich den Kopf hängen, beim nächsten Mal läuft es besser."*

Äußerungen	Ich-Zustand

12. *Geschäftsführer zu den Abteilungsleitern: „Das ist ja super, wie wir das wieder hingekriegt haben, einsame Spitze ist das."*

13. *Abteilungsleiter zu Abteilungsleiter: „Ich bin nicht gewillt, diese Aufgabe zu übernehmen. Sie fällt eindeutig in Ihren Zuständigkeitsbereich."*

14. *Vorgesetzter zur Mitarbeiterin: „Was haben Sie denn hier schon wieder für einen Mist gemacht? Ich verlange von Ihnen ..."*

15. *Mitarbeiterin zum Vorgesetzten: „Ihnen kann man es ja nie recht machen. Sie müssen eben klarer formulieren, was Sie wollen."*

16. *Mitarbeiterin zum Vorgesetzten: „Bitte entschuldigen Sie meinen Fehler. Wie hätte ich es denn tun sollen?"*

17. *Mitarbeiter zum Mitarbeiter: „Die Neue sieht scharf aus. Findest du nicht?"*

18. *Mitarbeiter zur neuen Kollegin: „Wenn Sie Hilfe brauchen, ich bin immer für Sie da."*

Die Lösungen zu dieser Übung finden Sie im Anhang auf Seite 122.

Wie Sie sicher bemerkt haben, ist eine eindeutige Zuordnung nicht immer einfach. Schwierigkeiten treten vor allem bei der Unterscheidung zwischen kritischem Eltern-Ich und rebellischem Kind-Ich auf, da in diesen beiden Ich-Zuständen mitunter ähnliche Äußerungen getätigt werden. Hilfreiches Kriterium zur Unterscheidung ist neben Mimik, Gestik und Intonation die Klärung der Frage, ob sich die betreffende Person über- oder unterlegen fühlt. Fühlt sich ein Mensch unterlegen, reagiert er aus dem angepassten oder rebellischen Kind-Ich-Zustand. Fühlt er sich hingegen überlegen (z.B. klüger, kompetenter usw.), handelt er aus einem Eltern-Ich-Zustand heraus. Wenn Sie sich bezüglich der Zuordnung unsicher sind, versuchen Sie am besten, sich in die jeweilige Rolle hineinzuversetzen und aus dieser Rolle heraus zu prüfen, ob Sie sich unter- oder überlegen fühlen. Bei einem Gefühl der Überlegenheit ist der kritische Eltern-Ich-Zustand wahrscheinlich.

Wie viel Zeit verbringen Sie durchschnittlich in jedem Ich-Zustand?

Ein Instrument, mit dessen Hilfe die Häufigkeit und Intensität der verschiedenen Ich-Zustände eines Menschen grafisch dargestellt werden kann, ist das „Egogramm".[17]

2.3.1.3. Egogramm

Übung: Verweildauer in verschiedenen Ich-Zuständen
Bitte schätzen Sie mit Hilfe des folgenden Egogramms, wie viel Zeit Sie durchschnittlich in jedem Ich-Zustand verbringen.

Ordnen Sie, Ihrer Intuition folgend, jedem Ich-Zustand einen Skalenwert zu und tragen diesen in die entsprechende Säule ein. Die Höhe jeder Säule zeigt den geschätzten Ausprägungsgrad des entsprechenden Ich-Zustandes an.

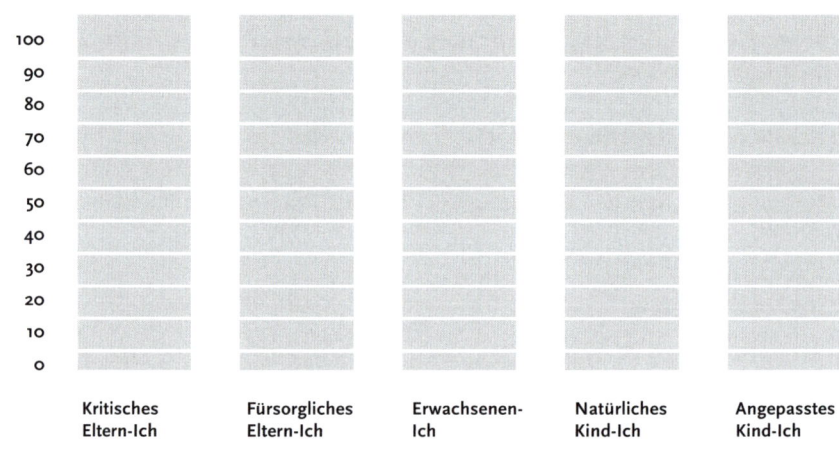

Abb. 29:
Egogramm

Falls Sie sich nicht sicher sind, ob Ihre geschätzten Werte annähernd der Realität entsprechen, und Sie gern genauer erfahren möchten, wie stark die verschiedenen Ich-Zustände bei Ihnen ausgeprägt sind, empfehle ich Ihnen die Beantwortung des folgenden Fragebogens zur Transaktionsanalyse.[18]

Sie erhalten Einblick in Ihre Persönlichkeitsstruktur und erfahren, zu welchem Ich-Zustand Sie in Stresssituationen tendieren.

2.3.1.4. Fragebogen zur Transaktionsanalyse
Bitte nehmen Sie zu den folgenden Aussagen so offen wie möglich Stellung. Alle Aussagen, denen Sie tendenziell eher zustimmen, kennzeichnen Sie, indem Sie das Symbol + einkreisen, alle Aussagen, denen Sie eher ablehnend gegenüberstehen, kennzeichnen Sie durch Einkreisen des Symbols –.

Skala 1

1. Ich kann gut zuhören. + −
* 2. Ich neige dazu, in Gruppen tonangebend sein zu wollen. + −
* 3. Es scheint, dass ich anderen öfter widerspreche. + −
4. Ich stehe eher auf der Seite der Schwächeren. + −
5. Ohne Fleiß kein Preis. + −
* 6. Wenn ich bei einer Auseinandersetzung in die Enge getrieben werde, neige ich dazu, ärgerlich zu reagieren. + −
7. Den Satz „Jede wahre Liebe ist auf Achtung begründet" finde ich zutreffend. + −
* 8. Man kann tun, was man will: Den Charakter eines Menschen kann man nicht ändern. + −
* 9. Ich neige dazu, in verworrenen oder verfahrenen Situationen die Führung zu übernehmen. + −
10. Es fällt mir leicht, andere zu trösten. + −
* 11. Öfter, als ich möchte, suche ich Fehler bei den anderen. + −
12. Die meisten Menschen wollen geführt sein. + −
13. Ich halte jene Berufe für die wertvollsten, in denen Menschen geholfen wird. + −
14. Ich bin sehr verständnisvoll, wenn andere Probleme haben. + −
* 15. Ich habe feste Überzeugungen und ändere diese nicht so leicht. + −
* 16. Öfter ertappe ich mich beim „Schulmeistern". + −
17. Eine wirkliche Änderung findet eigentlich nur dann statt, wenn eine starke Person eine Sache in die Hand nimmt und sie vorwärts bringt. + −
* 18. Ich neige dazu, mich in meinem Leben auf Tradition und Bewährtes zu verlassen. + −
* 19. Ich neige dazu, mich über Personen aufzuregen, die bewährte und anerkannte Denkweisen und Handlungen in Frage stellen. + −
* 20. Meiner Meinung nach ist es hilfreich, andere auf ihre Fehler aufmerksam zu machen. + −
* 21. Ich habe ziemlich klare Vorstellungen darüber, was richtig und falsch ist. + −
22. Den Gedanken, dass Leute menschlich sein sollten, finde ich richtig. + −
23. Ich werde oft von anderen um Rat gefragt. + −
* 24. Ein Problem, das uns immer zu begleiten scheint, ist, dass es zu wenig Leute gibt, die arbeiten, und zu viele, die befehlen wollen. + −
* 25. Das Sprichwort „Was Hänschen nicht lernt, lernt Hans nimmermehr" finde ich zutreffend. + −
* 26. Vielen Menschen ist zu wenig klar, dass man besonders im Geschäftsleben sehr kämpferisch sein muss, um erfolgreich zu sein. + −
27. Es ist doch so, dass Menschen dazu gedrängt werden müssen, gewisse Dinge zu tun, die gut für sie sind. + −
* 28. Ich glaube, dass unsere Gesellschaft gesünder wäre, wenn Verstöße gegen die Gesetze strenger geahndet würden. + −
* 29. Ich bin schon öfters von anderen auf meinen „Befehlston" angesprochen worden. + −

+	−		30. Es scheint, dass ich den Mitmenschen mehr Vertrauen schenke, als viele andere es tun.
+	−	*	31. Befehle zu erteilen fällt mir leichter, als Befehle zu befolgen.
+	−		32. Das größte Missgeschick, das jemandem widerfahren kann, ist, die Geduld zu verlieren.
+	−	*	33. Strenge Bestrafung von Verbrechern wäre geeignet, von Vergehen abzuschrecken.
+	−		34. Wann immer jemand Hilfe braucht, leiste ich sie.
+	−	*	35. Eltern neigen heute dazu, allzu nachsichtig zu sein.
+	−		36. Andere in ihrer Entwicklung zu unterstützen gibt mir eine große Befriedigung.
+	−	*	37. Die Berichterstattung der Medien (Fernsehen, Zeitungen usw.) sollte besser kontrolliert werden.
+	−	*	38. Im Führungsalltag muss klar sein, wer der Chef oder die Chefin ist.
+	−		39. Einer der Gründe, warum die Werbung so erfolgreich ist, ist der Umstand, dass die Menschen es mögen, wenn ihnen gesagt wird, was sie zu kaufen haben.
+	−	*	40. Es ist mir wichtig, dass im Führungsalltag die Disziplin aufrechterhalten wird.
+	−		41. Die patriotische Einstellung gegenüber dem eigenen Land wird immer wichtiger sein als das so genannte „Weltbürgertum".
+	−	*	42. Die Leute sollten sich mit gewissen Grundsätzen von Moral, Recht und Unrecht mehr identifizieren.
+	−	*	43. Was billig ist, ist nichts wert!
+	−		44. Wenn ich sehe, dass jemand bei einer Arbeit Schwierigkeiten hat, nehme ich sie ihm gerne ab.
+	−	*	45. Wir benötigen eher mehr als weniger Kontrolle in der Führungsarbeit.
+	−	*	46. Ich bin der Ansicht, dass man gewisse Berufstraditionen in der Familie aufrechterhalten soll.
+	−	*	47. Eine starke Führungskraft braucht keine Mitbestimmung.
+	−		48. In der Regel komme ich mit allen Leuten gut aus.
+	−	*	49. Ich bin der Meinung, dass Kinder ihren Eltern Respekt entgegenbringen müssen.
+	−		50. Ich habe Mitleid mit Menschen, die sich in Schwierigkeiten befinden.
+	−		51. Im Vergleich mit anderen mache ich eher mehr Überstunden.
+	−		52. Ich neige dazu, mich der Meinung der Mehrheit anzuschließen.
+	−		53. Mir ist es wichtig, dass die Zusammenarbeit mit anderen möglichst ohne Konflikte abläuft.
+	−		54. „Undank ist der Welt Lohn" habe ich schon oft erfahren müssen.
+	−		55. Statt Zeit damit zu verlieren, jemandem etwas zu erklären, erledige ich es lieber selber.
+	−	*	56. Ich bin oft verblüfft, zu sehen, wie blöd die Leute sind.
+	−	*	57. Ich neige dazu, anderen Personen zu sagen, was mit ihnen nicht stimmt.

58. Viele Leute gehen fehl, weil sie Verantwortung ablehnen. + −
59. Wenn man nicht zu viel von den Menschen erwartet, wird man auch + −
nicht so leicht enttäuscht.
60. Wenn sich jemand über mich ärgert, versuche ich, ihn zu + −
besänftigen.

Skala 2
61. Mir scheint, dass ich besser beobachte als viele andere Leute. + −
62. Ich neige dazu, einen kühlen Kopf zu bewahren, wenn andere + −
aufgeben oder abschalten.
63. Meine Eltern oder Erzieher hatten große Freude daran, wenn ich + −
selbstständig lernte und forschte.
64. Ich sammle Informationen und plane, bevor ich handle. + −
65. Ich erröte selten oder nie. + −
66. Es fällt mir leicht, in öffentlichen Veranstaltungen das Wort zu + −
ergreifen.
67. Ich weine selten oder nie. + −
68. Ich bin risikofreudiger als die meisten meiner Bekannten. + −
69. Es macht mir nichts aus, allein zu sein. + −
70. Meine Eltern oder Erzieher neigten dazu, den Gebrauch des + −
Verstandes höher zu schätzen als die Gefühle.
71. Ich bin fähig, eine gewisse wachsame Unvoreingenommenheit zu + −
bewahren, wenn andere allzu erregt werden.
72. Mehr als viele andere ziehe ich problemlösendes Verhalten dem + −
Feilschen und Kompromisseschließen vor.
73. Es fällt mir leicht, meine Gefühle unter Kontrolle zu halten. + −
74. Bei der Planung eines Projektes achte ich darauf, Leute mit einzu- + −
beziehen, die zupacken.
75. Ich habe feste Überzeugungen und verleihe ihnen auch Ausdruck, + −
reagiere aber positiv auf vernünftige Gegenargumente, indem ich
meine Meinung ändere.
76. Obwohl andere zeitweise dazu neigen, zwischenmenschliche + −
Konflikte zu unterdrücken, zu vertuschen oder durch Kompromisse
beizulegen, versuche ich unter allen Umständen, die Ursachen
herauszufinden.
77. In Stress-Situationen bleibe ich ruhig. + −
78. Es scheint mir, dass ich dazu neige, vor dem Fällen von Entschei- + −
dungen die Risiken abzuwägen.
79. Mehr als viele andere mir bekannte Leute bemühe ich mich, Ideen, + −
Meinungen und Haltungen zu suchen, die sich von meinen eigenen + −
unterscheiden.
80. Leute, die mit mir zusammenarbeiten, würden sagen, ich sei + −
entscheidungsfreudig und entschlossen.
81. Ich kann gut mit Misserfolgen umgehen. + −

+	−	82. Zwischenmenschliche Konflikte erledige ich im persönlichen Gespräch.
+	−	83. Ich bin der Überzeugung, dass eine wirksame Führung die Mitarbeiter dazu anspornt, das Beste zu geben.
+	−	84. Ich glaube, dass das, was andere Leute fühlen und denken, wichtig ist.
+	−	85. Schon als Kind ermutigten mich meine Eltern, meine Ansichten auszusprechen, ohne Angst vor Strafe zu haben oder davor, mich lächerlich zu machen.
+	−	86. Mich interessieren die Ergebnisse aus Forschung und Wissenschaft.
+	−	87. Es scheint, dass ich eher die Fähigkeit entwickelt habe, selbstständig und unabhängig zu denken, als mich den Gedanken anderer Leute anzupassen.
+	−	88. Ich glaube, dass die Menschen fähig sind, sich selbst zu führen und zu kontrollieren und damit sich selbst zu entwickeln.
+	−	89. Die meisten Fehler entstehen eher wegen eines Missverständnisses als aus Nachlässigkeit.
+	−	90. Irgendwie scheint es, dass ich gelernt habe, der Welt auf entspannte, zuversichtliche und positive Art entgegenzutreten.
+	−	91. Ich bin aktives Mitglied von drei und mehr Vereinen und Organisationen.
+	−	92. Offenheit und Ehrlichkeit anderen gegenüber lohnen sich in der Regel.
+	−	93. Beim Problemlösen gehe ich eher logisch-rational als gefühlsmäßig vor.
+	−	94. Ich bringe es fertig, nach außen ruhig zu bleiben, obwohl es in mir kocht.
+	−	95. Ich besuche Kurse, Seminare, Vorträge usw. häufiger als die meisten mir bekannten Personen.
+	−	96. Ich habe den Ruf, fair und objektiv zu sein.
+	−	97. Ich pflege in der Regel von den anderen das zu bekommen, was ich haben möchte.
+	−	98. Ich kann anderen Personen Dinge klar und deutlich erklären.
+	−	99. Mein Erfolg im Leben beruht auf der Tatsache, dass ich es verstehe, meine Gefühle zu verbergen.
+	−	100. In einer Diskussion zählen meine Argumente oft zu den besten.
+	−	101. In bin der Überzeugung, dass die Menschen grundsätzlich gut sind.
+	−	102. Für mich ist es wichtig, so perfekt wie möglich zu sein.
+	−	103. Ich lese täglich ein bis zwei Tageszeitungen.
+	−	104. Ich habe eine ziemlich klare Vorstellung davon, wo ich in 5 Jahren beruflich und privat stehen möchte.

Skala 3

* 105. Obwohl es viele nicht wahrhaben wollen, glaube ich, dass die Gefühle bei 90 Prozent der lebenswichtigen Entscheidungen den Ausschlag geben.   +   –

106. Es scheint, dass ich mich mehr als andere selbst bemitleide.   +   –

107. Wenn eine höher stehende Persönlichkeit die Verantwortung für eine schwerwiegende Entscheidung übernimmt, werde ich bei der Durchführung mithelfen, auch wenn ich davon nicht überzeugt bin.   +   –

* 108. Ich genieße das Leben in vollen Zügen.   +   –

* 109. Es kommt öfter vor, dass ich am hellen Tag ins Blaue hinein träume.   +   –

* 110. Ich bin für Spontankäufe sehr anfällig.   +   –

* 111. Es bereitet mir Mühe, z.B. eine Abmagerungskur durchzustehen, das Rauchen aufzugeben usw.   +   –

112. Ich habe nichts dagegen, der oder die Ausführende zu sein, aber ich habe es gerne, wenn eine andere Person dabei die Führung übernimmt.   +   –

* 113. Ich gebrauche oft Ausdrücke wie „toll", „irre", „höllisch" usw.   +   –

114. In einer gespannten Lage neige ich eher dazu, mich zurück-zuziehen.   +   –

115. Bescheidenheit ist eine Tugend, vielleicht die größte.   +   –

* 116. Ich erzähle gerne Witze.   +   –

* 117. Ich bin immer voll neuer Ideen.   +   –

118. Ich habe keine Mühe, Anweisungen zu befolgen.   +   –

119. Befehle zu befolgen fällt mir leichter, als Befehle zu erteilen.   +   –

* 120. Ich bin oft impulsiv.   +   –

121. Eher stimme ich anderen zu, als dass ich mit ihnen hin und her diskutieren würde.   +   –

122. Ich bemühe mich sehr um die Anerkennung anderer.   +   –

123. Hier und da ertappe ich mich dabei, dass ich zu laut lache und spreche.   +   –

124. Ich sage mir oft: „Es nützt ja doch nichts, sich hier zu engagieren."   +   –

125. Wenn mich jemand innerlich verletzt hat, sage ich ihm in der Regel nichts davon.   +   –

* 126. Es ist für mich schwer zu verstehen, warum so viele Leute das Leben so ernst nehmen.   +   –

127. Oftmals äußere ich meine Ideen nicht, weil sie mir zu wenig wichtig erscheinen.   +   –

* 128. Meine Eltern respektierten es, wenn ich meinen Gefühlen wie Freude, Trauer, Ärger usw. voll Ausdruck gab. Sie ermutigten mich gar dazu.   +   –

129. Es scheint mir, dass ich nicht so oft, wie ich möchte, meinen Willen durchsetzen kann.   +   –

130. Ich ziehe es vor, eine Stellung mit eher wenig Verantwortung, Befugnissen, Ansehen usw. anzunehmen.   +   –

+	−		131. Es kann sein, dass meine Eltern doch eher dazu neigten, mir Angst vor der Welt und den Menschen einzuflößen, als mir die Welt von der erfreulichen Seite zu zeigen.
+	−	* 132.	Ich habe mehr Interessen, Liebhabereien usw. als die meisten Leute, die ich kenne.
+	−		133. Aus irgendeinem Grunde kommt es oft vor, dass ich meistens den Kürzeren ziehe.
+	−	* 134.	An einem Freitagabend sitzen Sie mit ein paar Freunden zusammen und trinken einige Flaschen Wein. Plötzlich kommt jemand auf die Idee, jetzt für zwei Tage nach Paris zu fahren. Fahren Sie mit?
+	−	* 135.	Ich neige viel eher dazu, phantasievolle als logische Lösungen anzustreben.
+	−	* 136.	Es gibt Momente, wo ich in Gegenwart anderer Leute weine, ohne mich zu schämen.
+	−	* 137.	Irgendwann habe ich gelernt, dem Sex, meinem Körper, der Intimität usw. gegenüber eine freudige Haltung einzunehmen.
+	−		138. Man muss sich wichtigen Persönlichkeiten unterordnen.
+	−	* 139.	Es gibt Zeiten, zu denen ich mir gerne außergewöhnliche Freuden und Vergnügungen gönne.
+	−		140. In ungewohnten Situationen fühle ich mich sehr unbehaglich.
+	−	* 141.	Ich finde mich oft mitten in einem Problem und frage mich, wie ich da wohl wieder hineingeschlittert bin.
+	−		142. In vielen Situationen fühle ich mich einfach hilflos.
+	−	* 143.	Wenn ich etwas sage, ist es sehr wohl möglich, dass ich ins Fettnäpfchen trete.[19]

Auswertung des Fragebogens

Da der Fragebogen nach der Trefferwahrscheinlichkeitsmethode aufgebaut wurde, werden nur die Aussagen bewertet, die mit dem Symbol + gekennzeichnet wurden. Die Auswertung erfolgt skalenweise.

Skala 1

Bitte zählen Sie alle mit + eingekreisten Aussagen der Skala 1 (Aussagen 1–60) zusammen und tragen das Ergebnis in das Feld Rohwert der Nummer 1 der nachfolgenden Tabelle ein. Als Nächstes zählen Sie bitte, ebenfalls in dieser Skala, alle + bei den Aussagen, die mit einem Stern * versehen sind. Es handelt sich hier um den Rohwert des kritischen Eltern-Ichs. Tragen Sie diesen Wert in das entsprechende Feld der Nummer 2 ein. Wenn Sie jetzt diesen Wert 2 vom Wert 1 subtrahieren, erhalten Sie den Rohwert des fürsorglichen Eltern-Ichs. Bitte tragen Sie diesen Wert in das Feld Nummer 3 ein.

Skala 2

Bitte zählen Sie jetzt alle mit + eingekreisten Aussagen der Skala 2 (Aussagen 61–104) zusammen. Tragen Sie diesen Wert in das Feld Nummer 4 ein. Er steht für das Erwachsenen-Ich.

Skala 3

Die Summe aller mit + eingekreisten Aussagen der Skala 3 (Aussagen 105–143) spiegelt den Anteil des Kind-Ichs wider. Bitte tragen Sie diesen Wert in das Feld Nummer 5 ein. Von den mit einem Stern versehenen Aussagen zählen Sie nun alle die, die Sie mit einem + gekennzeichnet haben, zusammen. Diesen Wert, der den Anteil des natürlichen Kind-Ichs wiedergibt, tragen Sie in das Feld Nummer 6 ein. Subtrahieren Sie diesen Wert 6 von dem Wert 5, erhalten Sie den Rohwert des angepassten Kind-Ichs. Tragen Sie diesen Wert in das Feld Nummer 7 ein.

Ich-Zustände	Nummer	Rohwert
Eltern-Ich	1	
Anteil des kritischen Eltern-Ichs	2	
Anteil des fürsorglichen Eltern-Ichs	3	
Anteil des Erwachsenen-Ichs	4	
Kind-Ich	5	
Anteil des natürlichen Kindheits-Ichs	6	
Anteil des angepassten Kindheits-Ichs	7	

Mit Hilfe der folgenden Umrechnungstabelle können Sie die bisher ermittelten Rohwerte in Skalenwerte umwandeln.

Kritisches Eltern-Ich		Fürsorgliches Eltern-Ich		Erwachsenen-Ich		Natürliches Kind-Ich		Angepasstes Kind-Ich	
Rohwert	Skalenwert	Rohwert	Skalenwert	Rohwert	Skalenwert	Rohwert	Skalenwert	Rohwert	Skalenwert
Nr. 2		Nr. 3		Nr. 4		Nr. 6		Nr. 7	
2	0	2	0	13	0	1	0	1	0
3	5	5	5	14	5	2	5	2	5
5	10	7	10	16	10	3	10	3	10
7	20	10	20	18	20	5	20	5	20
9	30	12	30	21	30	7	30	7	30
11	40	14	40	23	40	8	40	8	40
12	50	16	50	26	50	9	50	9	50
14	60	18	60	29	60	10	60	10	60
16	70	20	70	31	70	12	70	12	70
18	80	22	80	33	80	13	80	13	80
20	90	25	90	36	90	15	90	15	90
21	95	28	95	38	95	17	95	17	95

Wenn Sie die Skalenwerte in die Säulen des oben beschriebenen Egogramms übertragen, erhalten Sie Ihr persönliches Egogramm.

Je höher die Skalenwerte liegen, desto ausgeprägter sind die Ich-Zustände. Als Richtwert dient der Skalenwert 50, er entspricht den durchschnittlichen Werten von 3000 deutschsprachigen Testpersonen.

Wenn ein Ich-Zustand im Vergleich zu den anderen deutlich höher ausfällt, das heißt die anderen um mehr als 15 Skalenwerte überragt, kann davon ausgegangen werden, dass dieser Ich-Zustand in Stresssituationen mit hoher Wahrscheinlichkeit eingenommen wird. Konkret bedeutet dies, dass der in diesem Fall eingenommene Ich-Zustand nur sehr schwer verlassen werden kann. Die Wahrnehmung ist zu diesem Zeitpunkt stark eingeschränkt, das klare Denken ist getrübt.

Geringe Unterschiede zwischen den Skalenwerten sprechen dafür, dass Ich-Zustände schnell gewechselt werden können.

Entspricht das Egogramm Ihren Erwartungen? Falls Sie glauben, dass Ihr Egogramm Ihnen nicht gerecht wird, können Sie einen Freund, der Sie gut kennt, bitten, Ihnen seine Sichtweise mitzuteilen. Bedenken Sie, dass kein Ich-Zustand an sich gut oder schlecht ist. Jeder Ich-Zustand hat Vor- und Nachteile. Welche sind das?

2.3.1.5. Vor- und Nachteile der Ich-Zustände

Übung: Vor- und Nachteile jedes Ich-Zustands
Bitte listen Sie, bevor Sie weiterlesen, alle Vor- und Nachteile, die Sie mit jedem Ich-Zustand verbinden, auf. Tauschen Sie sich dann mit anderen Menschen über ihre Erfahrungen aus und ergänzen Sie gegebenenfalls die nachfolgende Tabelle.

Kritisches Eltern-Ich

Starke Ausprägung	*Schwache Ausprägung*
Vorteile	
• achtet auf die Einhaltung von Normen und Werten	• steht anderen Meinungen offen gegenüber
• pflegt Traditionen	• ist flexibel
• kann in Notsituationen schnell reagieren	• ...
• ...	
Nachteile	
• neigt zu autoritärem Verhalten	• kann leicht manipuliert werden
• ist überaus kritisch und intolerant	• ist mitunter ineffektiv
• steht Neuem eher ablehnend gegenüber	• ...
• ...	

Fürsorgliches Eltern-Ich

Starke Ausprägung	*Schwache Ausprägung*
Vorteile	
• sorgt für angenehme, entspannte Atmosphäre	• fördert Selbstständigkeit und Selbstvertrauen
• gibt Gefühl der Geborgenheit,	• überträgt Verantwortung
• hat Verständnis	• ...
• ist jederzeit hilfsbereit	
• ...	
Nachteile	
• wirkt überbehütend und einengend	• ist egozentrisch
• verhindert Selbstständigkeit	• erzeugt kalte Atmosphäre, da wenig Lob und Anerkennung gezeigt wird
• kann andere von sich abhängig machen	• ...
• ...	

Erwachsenen-Ich

Starke Ausprägung	*Schwache Ausprägung*
Vorteile	
• agiert systematisch und den Gesetzen der Logik folgend	• hat keine Vorteile
• trifft sachlich begründete Entscheidungen	
• ...	
Nachteile	
• wirkt unpersönlich und roboterhaft	• hat ein schwaches Selbstwertgefühl
• zeigt keine Gefühle	• ist launisch und unberechenbar
• hat Hang zum Perfektionismus	• ...
• ...	

Natürliches Kind-Ich

Starke Ausprägung	*Schwache Ausprägung*
Vorteile	
• ist offen	• wirkt ausgeglichen und beherrscht
• kreativ	• handelt wohlüberlegt
• spontan	• ...
• witzig	
• unbekümmert	
• ...	
Nachteile	
• handelt unüberlegt	• kommt selten aus sich heraus
• ist jähzornig und rücksichtslos	• wirkt humorlos
• chaotisch	• ist um vieles besorgt
• ...	• ...

Angepasstes Kind-Ich

Starke Ausprägung	*Schwache Ausprägung*
Vorteile	

- verhält sich entsprechend der vorgegebenen Normen, Regeln, Vorschriften
- ist rücksichtsvoll
- kompromissbereit
- kann sich leicht unterordnen
- ...

- hinterfragt Normen, Regeln Vorschriften
- vertritt seinen Standpunkt und handelt nach eigenem Ermessen
- ...

Nachteile

- vertritt keine eigene Meinung
- ist autoritätsgläubig und -hörig
- hat ein schwaches Selbstwertgefühl
- ...

- verhält sich oft undiplomatisch
- kann sich schwer unterordnen
- ist kaum kompromissbereit
- ...

Sind Sie mit ihrem Egogramm zufrieden oder möchten Sie es ändern?

Die beste Möglichkeit, ein Egogramm zu ändern, besteht in der Verstärkung der Ich-Zustände, die zu kurz kommen. Nach der Konstanz-Hypothese führt die Verstärkung eines Ich-Zustandes automatisch zu einer Schrumpfung eines oder mehrerer anderer Ich-Zustände, da die Gesamtmenge der zur Verfügung stehenden psychischen Energie konstant bleibt.[20]

Es ist sehr viel einfacher, neue gewünschte Verhaltensweisen zu etablieren als unerwünschte aufzugeben.

Wenn Sie einen Ich-Zustand abbauen möchten, überlegen Sie sich, welchen Ich-Zustand Sie stärken möchten. Überlegen Sie sich Verhaltensweisen, die den gewünschten Ich-Zustand repräsentieren und die Sie in die Tat umsetzen wollen. Nehmen Sie sich nicht zu viel vor. Konzentrieren Sie sich nur auf eine Verhaltensweise pro Woche, das erhöht die Wahrscheinlichkeit des Durchhaltens.

Zusammenfassung:

Strukturanalyse
Die Strukturanalyse basiert auf der Annahme, dass der Mensch in seinem Denken, Fühlen und Verhalten situationsabhängig verschiedene Ich-Zustände einnimmt.

Im **Eltern-Ich-Zustand** zeigt der Mensch das Verhalten, Denken und Fühlen, das er von Eltern oder Elternfiguren übernommen hat. Man unterscheidet zwischen kritischem und fürsorglichem Eltern-Ich.

Im **Erwachsenen-Ich-Zustand** entspringt das Verhalten, Denken und Fühlen der Gegenwart, es erfolgt eine direkte Reaktion auf das Hier und Jetzt.

Im **Kind-Ich-Zustand** befindet sich der Mensch, wenn sein in der Gegenwart ablaufendes Verhalten, Denken und Fühlen seinen Ursprung in der Kindheit hat. Je nach Verhaltensweise wird von einem angepassten Kind-Ich, einem rebellischen Kind-Ich und einem natürlichen Kind-Ich gesprochen.

Kein Ich-Zustand ist an sich gut oder schlecht. Da jeder Ich-Zustand Vor- und Nachteile hat, ist es hilfreich, alle Ich-Zustände zur Verfügung zu haben und in Abhängigkeit der Situation den geeignetsten auszuwählen.

2.3.2. Transaktionsanalyse

Wie im Anfangskapitel erörtert, beinhaltet Kommunikation einen Austausch von Informationen. In der Transaktionsanalyse wird jeder Austausch zwischen Personen, bei denen eine Reaktion auf einen Stimulus erfolgt, als Transaktion bezeichnet.

Beispiel:
Stimulus: Guten Tag 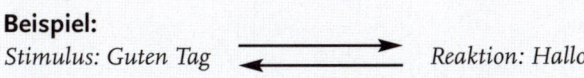 *Reaktion: Hallo*

Transaktionen können entweder parallel – auch komplementär genannt – verlaufen oder aber gekreuzt.

2.3.2.1. Parallel- oder Komplementärtransaktionen

Innerhalb der Komplementär- oder Paralleltransaktionen werden zwei Varianten unterschieden.

In Variante Nr. 1 adressiert ein Sender eine Nachricht an den Ich-Zustand seines Gegenübers aus dem er selbst sendet. Die Reaktion erfolgt aus dem angesprochenen Ich-Zustand und richtet sich ebenfalls an diesen Ich-Zustand des Senders.

Das heißt also, dass Gesprächspartner, die aus dem Erwachsenen-Ich-Zustand kommunizieren, ihre Äußerungen auch an diesen Ich-Zustand des Gesprächspartners richten.

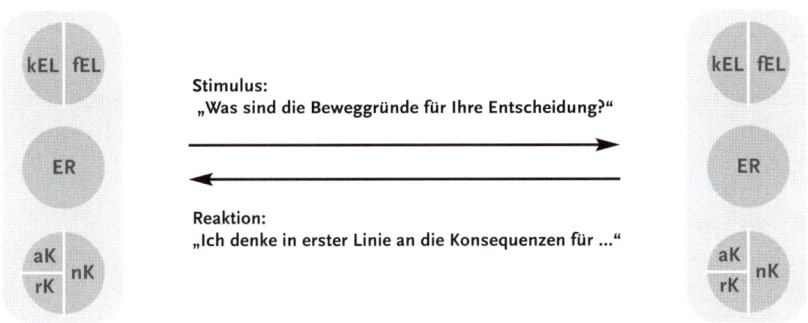

Abb. 30:
Paralleltransaktion

Bei der zweiten Variante erfolgt die Reaktion aus dem angesprochenen komplementären Ich-Zustand.

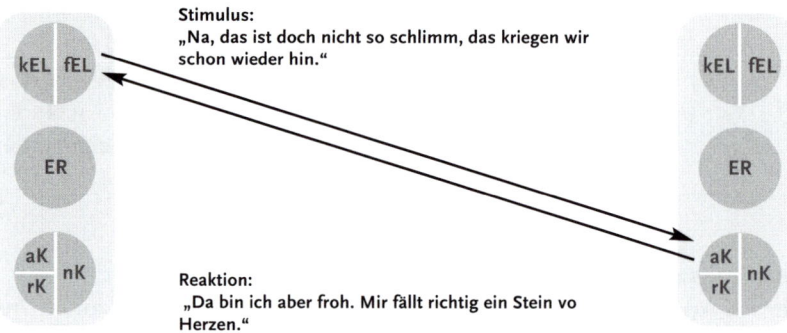

Abb. 31:
Komplementär-
transaktion 1

Die gleiche Nachricht könnte natürlich auch eine andere Reaktion hervor-rufen. Aus dem rebellischen Kind-Ich könnte diese folgendermaßen klin-gen:

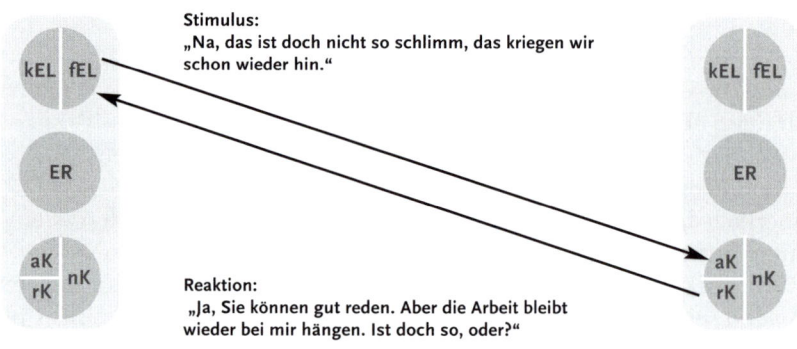

Abb. 32:
Komplementär-
transaktion 2

Neben den Parallel- oder Komplementärtransaktionen finden auch so ge-nannte gekreuzte Transaktionen statt.

2.3.2.2. Gekreuzte Transaktionen
Was denken Sie, was ist eine gekreuzte Transaktion?

Eine gekreuzte Transaktion findet statt, wenn die Reaktion auf einen Sti-mulus nicht aus dem Ich-Zustand kommt, an den die Nachricht adressiert worden ist, sondern aus einem anderen Ich-Zustand.

Wenn wir uns noch einmal das letzte Beispiel ansehen, könnte es sich auch um eine gekreuzte Transaktion handeln. Statt aus einem schmollen-den Kind-Ich-Zustand kann dieselbe Äußerung auch aus dem kritischen Eltern-Ich-Zustand kommen.

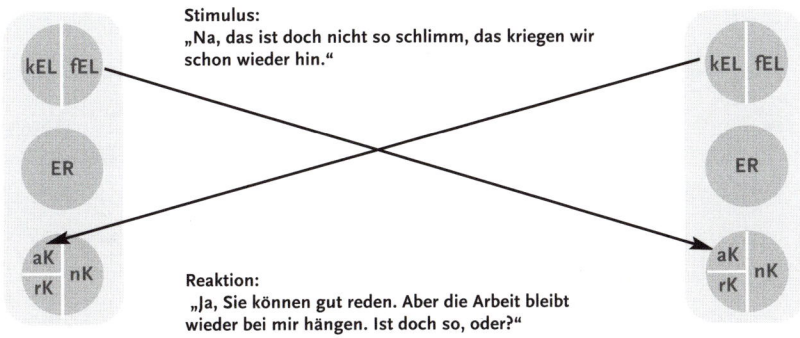

Stimulus:
„Na, das ist doch nicht so schlimm, das kriegen wir schon wieder hin."

Reaktion:
„Ja, Sie können gut reden. Aber die Arbeit bleibt wieder bei mir hängen. Ist doch so, oder?"

Abb. 33:
Gekreuzte Transaktion

Wenn Sie in einem Gespräch feststellen, dass Ihr Gesprächspartner völlig unerwartet und in Ihren Augen unangemessen reagiert, liegt eine gekreuzte Transaktion vor. Gekreuzte Transaktionen führen immer zu einem Moment der Perplexität oder Verwirrung, weil die Reaktion unerwartet ist. Um die daraus resultierende Störung der Kommunikation zu beenden und eine Eskalation zu vermeiden, muss mindestens einer der Gesprächspartner den Ich-Zustand wechseln.

Schauen wir uns noch einmal das obere Beispiel an! Welche Reaktion wäre jetzt denkbar?

Übung: Transaktionen
Notieren Sie bitte alle Antworten, die Ihnen als mögliche Reaktion auf den Stimulus „Ja, Sie können gut reden ..." einfallen. Vergleichen Sie nun Ihre Antworten mit den unten genannten Reaktionen. Welche Reaktion halten Sie für konstruktiv?

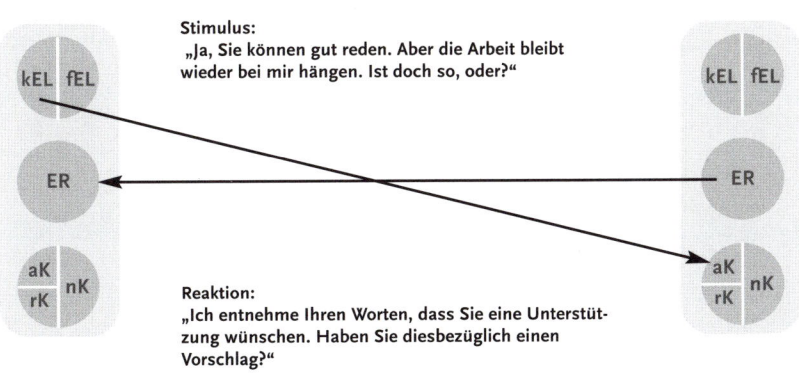

Stimulus:
„Ja, Sie können gut reden. Aber die Arbeit bleibt wieder bei mir hängen. Ist doch so, oder?"

Reaktion:
„Ich entnehme Ihren Worten, dass Sie eine Unterstützung wünschen. Haben Sie diesbezüglich einen Vorschlag?"

Abb. 34:
Gekreuzte Transaktion–
Fortsetzung 1

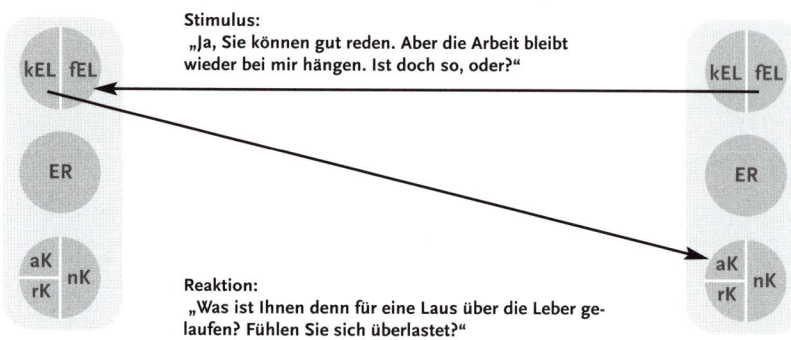

Abb. 35: Beispiel
Gekreuzte Transaktion –
Fortsetzung 2

Stimulus:
„Ja, Sie können gut reden. Aber die Arbeit bleibt wieder bei mir hängen. Ist doch so, oder?"

Reaktion:
„Was ist Ihnen denn für eine Laus über die Leber gelaufen? Fühlen Sie sich überlastet?"

Um Kommunikationsstörungen beheben zu können, müssen zunächst die Ursachen oder Störungsquellen ermittelt werden. Der Weg dorthin führt über die Analyse von Transaktionen. Die folgende Übung bietet Ihnen dazu die Gelegenheit.

Übung: Analyse von Transaktionen

In welchem Ich-Zustand befinden sich Sender und Empfänger? Zeichnen Sie bitte die Richtung der Transaktionen ein.

1.
S.: *„Haben Sie die Unterlagen der Fa. XY gesehen?"*
R.: *„Immer verdächtigen Sie mich, was habe ich denn mit Ihren Unterlagen zu schaffen?"*

2.
S.: *„Lassen Sie mich bitte ausreden!"*
R.: *„Oh, Entschuldigung. Allerdings würde ich es sehr begrüßen, wenn sie andere auch einmal zu Wort kommen ließen."*

3.
S.: *„Könnten Sie sich mal die Anfrage von der Fa. XY ansehen? Mir ist völlig schleierhaft, was die eigentlich wollen, eine Zumutung ist das."*
R.: *„Was genau schreiben sie denn?"*

4.

S.: „Ich stelle fest, dass wir in dieser Sache verschiedene Standpunkte vertreten. Daher schlage ich vor ...“

R.: „Das finde ich eine gute Idee.“

EL ER K EL ER K

5.

S.: „Ich mache diesen Zirkus nicht mehr mit!“

R.: „Was nervt dich denn so?“

EL ER K EL ER K

6.

S.: „Die Präsentationsfolien sind alle.“

R.: „Ich bestelle gleich neue.“

EL ER K EL ER K

7.

S.: „Was mach’ ich jetzt bloß? Ich glaube, ich bin ganz schön ins Fettnäpfchen getreten.“

R.: „Du hättest dir früher überlegen sollen, was du sagst. Du weißt doch, wie empfindlich sie ist.“

EL ER K EL ER K

8.

S.: „Die Besprechung beginnt pünktlich um 10.00 Uhr.“

R.: „Aye, Aye, Sir.“

EL ER K EL ER K

9.

S.: „Ich habe läuten hören, dass ...“

R.: „Ach wirklich? Das ist ja interessant.“

EL ER K EL ER K

10.

S.: „Sie sollten die Sache nicht so ernst nehmen!“

R.: „Was soll ich Ihrer Meinung nach denn tun?“

EL ER K EL ER K

11.

S.: „Ordnung ist wohl ein Fremdwort für Sie!“

R.: „Was geht Sie meine Ordnung an? Wenn Ihnen meine Arbeit nicht passt, sagen Sie es direkt.“

EL ER K EL ER K

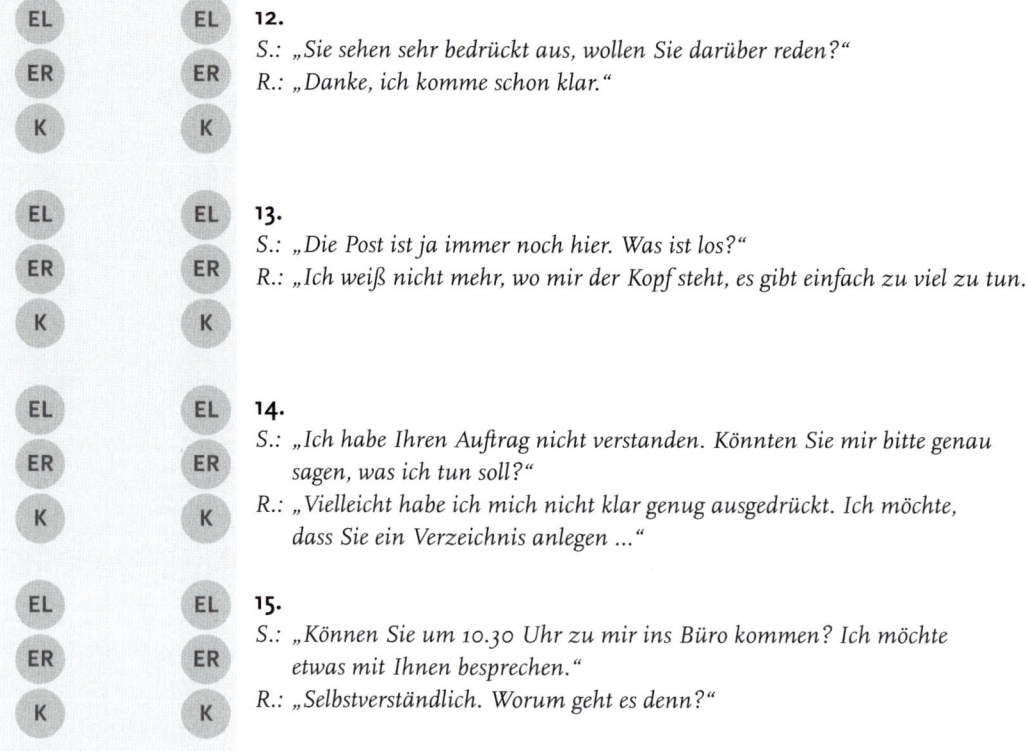

12.
S.: „Sie sehen sehr bedrückt aus, wollen Sie darüber reden?"
R.: „Danke, ich komme schon klar."

13.
S.: „Die Post ist ja immer noch hier. Was ist los?"
R.: „Ich weiß nicht mehr, wo mir der Kopf steht, es gibt einfach zu viel zu tun."

14.
S.: „Ich habe Ihren Auftrag nicht verstanden. Könnten Sie mir bitte genau sagen, was ich tun soll?"
R.: „Vielleicht habe ich mich nicht klar genug ausgedrückt. Ich möchte, dass Sie ein Verzeichnis anlegen ..."

15.
S.: „Können Sie um 10.30 Uhr zu mir ins Büro kommen? Ich möchte etwas mit Ihnen besprechen."
R.: „Selbstverständlich. Worum geht es denn?"

Die Lösungen zu dieser Übung finden Sie im Anhang auf Seite 123.

2.3.2.3. Verdeckte Transaktionen

Nicht immer verlaufen Transaktionen offen und eindeutig. Wenn hinter der Kommunikation, gewissermaßen zwischen den Zeilen, geheime Botschaften gesandt werden, sprechen Transaktionsanalytiker von verdeckten Transaktionen. Berne unterscheidet bei der verdeckten Transaktion die soziale Ebene und die psychologische Ebene. Die psychologische Ebene ist diejenige, auf der geheime Botschaften gesendet werden.

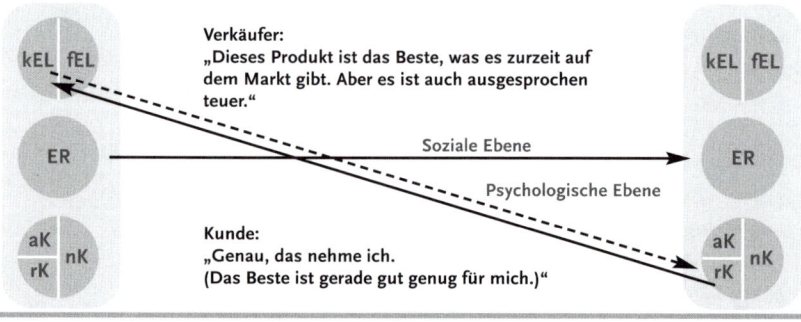

Abb. 36:
Verdeckte Transaktion

Verkäufer:
„Dieses Produkt ist das Beste, was es zurzeit auf dem Markt gibt. Aber es ist auch ausgesprochen teuer."

Soziale Ebene
Psychologische Ebene

Kunde:
„Genau, das nehme ich.
(Das Beste ist gerade gut genug für mich.)"

Die Analyse von Transaktionen ist die erste Etappe auf dem Weg zur Behebung von Kommunikationsstörungen. Wie heißt die zweite Etappe? Welche Strategien gibt es, um eine festgestellte Kommunikationsstörung zu beseitigen? Eine Strategie kann Bernes Kommunikationsregeln entnommen werden. Sie bilden die Quintessenz seiner Erkenntnisse.

2.3.2.4. Kommunikationsregeln

1. Solange die Pfeile in den einzelnen Transaktionen parallel verlaufen, die Transaktionen also komplementär sind, kann die Kommunikation unbegrenzt weitergehen.

2. Die Überkreuztransaktion bedeutet eine Störung in der Kommunikation; soll diese wieder glatt ablaufen, muss mindestens einer der Gesprächspartner seinen Ich-Zustand wechseln.

3. Bei der verdeckten Transaktion fällt die Entscheidung über das weitere Verhalten auf der psychologischen und nicht auf der sozialen Ebene.

Ich schlage Ihnen jetzt eine Übung zur Überprüfung dieser Kommunikationsregeln vor.

Übung: Kreuzen von Transaktionen
Für die folgende Übung benötigen Sie 2–3 Mitspieler. Jeweils zwei von Ihnen wählen eine Rolle und spielen zunächst eine parallele Transaktion. Einer von beiden hat dann die Aufgabe, die Transaktion durch eine Änderung des Ich-Zustandes zu kreuzen. Achten Sie genau darauf, was passiert. Diejenigen, die kein Rollenspiel durchführen, übernehmen bitte die Aufgabe eines Beobachters. Achten Sie auf geheime Botschaften, nonverbale Signale und den Wechsel von Ich-Zuständen. Nach einem Durchgang wechseln die Beobachter in Rollenspieler und umgedreht.

Nach der Übung sollte ein Austausch über die gewonnenen Erkenntnisse erfolgen.

Idealerweise haben Sie im Verlauf der Übungen festgestellt, dass das Kreuzen aus dem Erwachsenen-Ich-Zustand eine sehr wirksame Strategie zur Behebung von Kommunikationsstörungen darstellt. Wie viele Dinge im Leben bedarf es allerdings einiger Übung, um das bewusste Kreuzen als Strategie in das eigene Kommunikationsverhalten zu integrieren.

Zusammenfassung:

Transaktionsanalyse
In der Transaktionsanalyse wird jeder Austausch zwischen Personen, bei denen eine Reaktion auf einen Stimulus erfolgt, als Transaktion bezeichnet. Transaktionen können entweder parallel, auch komplementär genannt, oder gekreuzt verlaufen.

Innerhalb der **Komplementär- oder Paralleltransaktionen** werden zwei Varianten unterschieden: In Variante Nr. 1 erfolgt der Austausch aus dem gleichen Ich-Zustand, in Variante Nr. 2 erfolgt die Reaktion aus dem angesprochenen komplementären Ich-Zustand.

Eine **gekreuzte Transaktion** tritt auf, wenn die Reaktion auf einen Stimulus aus einem anderen als dem adressierten Ich-Zustand kommt.

Solange Transaktionen parallel und damit komplementär verlaufen, ist mit keiner Störung zu rechnen. Jede gekreuzte Transaktion führt hingegen zu einer Störung, weil die Reaktion eine unerwartete ist. Diese Störung kann nur behoben werden, wenn mindestens einer der Gesprächspartner seinen Ich-Zustand wechselt.

Transaktionen, die geheime Botschaften enthalten, werden **verdeckte Transaktionen** genannt. Hier fällt die Entscheidung über das weitere Verhalten auf der psychologischen (verdeckten) und nicht auf der sozialen (vordergründigen) Ebene.

2.3.3. Spielanalyse

Trotz größter Bemühungen, positive Beziehungen aufzubauen und aufrechtzuerhalten, passiert es mitunter, dass sich Menschen in unangenehmen und verfahrenen Situationen wieder finden, von denen sie glauben, sie schon 100-mal erlebt zu haben. Wie lässt sich das erklären?

Den Eindruck, bestimmte Abläufe wieder und wieder zu erleben, werten Transaktionsanalytiker als Hinweis dafür, dass hier wiederholt ein und dasselbe Spiel gespielt wird. Unter einem Spiel versteht man eine Abfolge von verdeckten Transaktionen, die immer nach demselben stereotypen Muster ablaufen und zu einem vorhersehbaren Ergebnis führen. Spiele können in unterschiedlicher Intensität gespielt werden. Während über ein Spiel ersten Grades in der Öffentlichkeit gesprochen werden kann (nach dem Motto „Was mir heute wieder passiert ist"), sind die Ergebnisse eines Spiels zweiten Grades so unangenehm und selbstwertschädigend, dass sie nach Möglichkeit verschwiegen werden. Als „Spiele dritten Grades" bezeichnet Berne solche, die im Gericht, im Krankenhaus oder mit dem Tod enden.

Das Problematische an derartigen „Spielen" ist, dass sie den Mitspielern in der Regel nicht bewusst sind. Dies ist auch der Grund, weshalb sie so schwer zu erkennen sind.

2.3.3.1. Spielphasen

Jedes Spiel durchläuft sechs Phasen. Es beginnt mit einem Spielangebot, das für den Mitspieler, aus welchem Grund auch immer, interessant erscheint.

Beispiel:

1. Attraktives Spielangebot

Frau Ratlos fühlt sich einer Situation nicht gewachsen. Sie schildert Frau Hilfreich ihre Situation und beendet die Erzählung mit den Worten: „Was soll ich tun?"

2. Mitspielinteresse

Frau Hilfreich ist bekannt dafür, dass sie jedermann mit Rat und Tat zur Seite steht. Die Worte Ihrer Eltern: „Edel sei der Mensch, hilfreich und gut" hat sie noch heute im Ohr. Es ist für Frau Hilfreich selbstverständlich, dass jemand, der Hilfe braucht, auf sie zählen kann.

In der dritten Phase übernimmt der Mitspieler die ihm zugedachte Rolle und reagiert dementsprechend. Die darauf folgenden Transaktionen, die dem Anschein nach völlig harmlos verlaufen können, führen zu irgendeinem Zeitpunkt dazu, dass ein Mitspieler seine Rolle wechselt.

3. Reaktionen

Frau Hilfreich fragt Frau Ratlos, was sie schon unternommen hat, um zu einer Lösung ihres Problems zu gelangen. Da sich Frau Ratlos dazu nicht äußert und zudem hilflos wirkt, interpretiert Frau Hilfreich, dass sie noch nichts unternommen hat, weil sie sich offensichtlich entscheidungsunfähig fühlt. Wie die Dinge liegen, sieht Frau Hilfreich ihre Aufgabe darin, Frau Ratlos Hilfe in Form von Ratschlägen anzubieten. Auf jeden Ratschlag reagiert Frau Ratlos mit Redewendungen wie:
„Das hab ich alles schon probiert, hat alles nichts gebracht ...", „Es hat keinen Zweck ...," „Das geht nicht ...," „Ja, aber ..." usw.

4. Rollenwechsel

Die Transaktionen dieser Art können so lange weitergehen, bis Frau Hilfreich die Ideen ausgehen, sie ärgerlich wird und sagt:
„Ich habe den Eindruck, dass Sie überhaupt keine Hilfe annehmen wollen."
Oder bis Frau Ratlos sinngemäß sagt:
„Ich habe zwar gewusst, dass Sie mir auch nicht helfen können, aber trotzdem danke, dass sie sich wenigstens bemüht haben."

In jedem Fall führt der Rollenwechsel eines Mitspielers zu einem Moment der Perplexität. In Folge dieser Verblüffung kommt es zur Auszahlung.

5. Moment der Perplexität

Angenommen, Frau Hilfreich würde ihren Ärger über die Ablehnung ihrer Ratschläge offen äußern, was würde passieren? Nach ihrer Verblüffung wird sich Frau Ratlos wahrscheinlich angegriffen und völlig unverstanden fühlen. Hinzu kommt, dass sie ihre Annahme, dass ihr doch niemand helfen könne, bestätigt sieht.

Wechselt Frau Ratlos hingegen ihre Rolle, indem sie Frau Hilfreich zu verstehen gibt, dass alle ihre Mühe vergeblich ist, wird sie vermutlich in ihr das Gefühl erzeugen, versagt zu haben, inkompetent zu sein usw.

6. Auszahlung

Wie eben beschrieben, folgt dem Moment der Perplexität die Auszahlung. Diese erfolgt in Form von negativen Gefühlen bei allen Beteiligten. Transaktionsanalytiker sprechen hier von Maschengefühlen, um zum Ausdruck zu bringen, dass es sich um Gefühle handelt, die erstmals in der Kindheit erlebt wurden und auf die jetzt genauso reagiert wird wie damals. Mehr dazu im Kapitel 2.3.4.

2.3.3.2. Drama-Dreieck

Ein hilfreiches Instrument zur Analyse von Spielen ist das so genannte Drama-Dreieck.[21] Es besagt, dass jedes Spiel (hier Drama genannt) auf drei Rollen zurückgeführt werden kann: die Rolle des Verfolgers, die Rolle des Retters und die Rolle des Opfers.

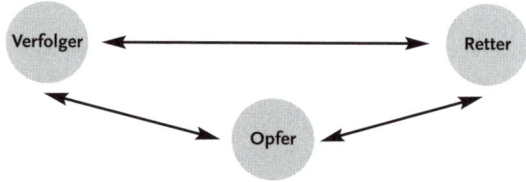

Abb. 37: Drama-Dreieck

Die Rolle des Verfolgers

In der Verfolger-Rolle fühlt sich der Spieler seinem Mitspieler überlegen und handelt aus der Grundposition: „Ich bin o.k., aber du bist nicht o.k." Durch Äußerungen wie:

- „Sie kriegen aber auch gar nichts auf die Reihe"
- „Das ist ja wieder mal typisch – wer sich auf Sie verlässt, ist verlassen" oder
- „Ich habe es doch gleich gewusst, dass die Aufgabe eine Nummer zu groß für sie ist ..."

fühlt sich der Mitspieler kritisiert und herabgesetzt.

Die Rolle des Retters

Ein Spieler, der die Retter-Rolle übernimmt, fühlt sich seinem Mitspieler in gewisser Hinsicht ebenfalls überlegen und bietet aus dieser Position heraus seine Hilfe an:

- „Probieren Sie's doch mal so …"
- „Ich denke, Sie sollten dies und das tun" oder
- „An Ihrer Stelle würde ich …"

sind typische Äußerungen aus der Retter-Rolle.

Die Rolle des Opfers

Ein Spieler, der sich in die Rolle des Opfers begibt, hält sich selbst für unterlegen. Aus der Überzeugung heraus, allein nicht zurechtzukommen und hilflos dem Untergang geweiht zu sein, begibt sich das Opfer auf die Suche nach einem Retter oder Verfolger.

Typische Äußerungen sind:

- „Ich weiß nicht, was ich tun soll"
- „Ich kann das nicht …"
- „Könnten Sie vielleicht …"

Übung: Spielanalyse

1.

Bitte analysieren Sie das oben beschriebene Spiel zwischen Frau Ratlos und Frau Hilfreich.

- *Aus welcher Rolle heraus wurde das Spiel eröffnet?*
- *Welche Rolle übernahm der Mitspieler zunächst?*
- *In welche Rollen wechselten die Spieler im Verlauf des Spiels?*

2.

Wann haben Sie zuletzt ein Spiel gespielt? Welche Rollen nahmen Sie und Ihr Mitspieler ein?

3.

Tauschen Sie sich mit anderen Menschen über Ihre Spielerfahrungen aus. Sammeln Sie Indizien, anhand derer Sie möglichst schnell erkennen können, wenn Sie in ein Spiel geraten.

Es wurde gesagt, dass Spiele in unterschiedlicher Intensität gespielt werden können. Nicht jedes Spiel muss in einen Konflikt mit schwerwiegenden Folgen münden. Ob ein Konflikt eskaliert, hängt von verschiedenen Faktoren ab. Einige Faktoren wie:

- selektive, verzerrte Wahrnehmungen,
- subjektive Theorien und
- innerpsychische Abwehrmanöver

wurden bereits als Fehlerquellen von Kommunikationsstörungen beschrieben.

Weitere Faktoren werden sichtbar, wenn wir den Prozess der Eskalation von Konflikten untersuchen. Dies geschieht im Verlauf des dritten Kapitels. Zuvor wird der letzte Bereich der Transaktionsanalyse – die Skriptanalyse – vorgestellt.

Zusammenfassung:

Spielanalyse

Unter einem Spiel versteht man eine Abfolge von verdeckten Transaktionen, die immer nach dem gleichen stereotypen Muster ablaufen und zu einem vorhersehbaren Ergebnis führen. Jedes Spiel durchläuft die sechs Phasen „Spielangebot", „Mitspielinteresse", „Reaktionen", „Rollenwechsel", „Moment der Perplexität" und „Auszahlung".

Spiele können in unterschiedlicher Intensität gespielt werden. Zur Analyse von Spielen eignet sich das so genannte „Drama-Dreieck", das besagt, dass jedes Spiel auf die drei Rollen „Verfolger", „Retter" und „Opfer" zurückgeführt werden kann.

2.3.4. Skriptanalyse

Ausgangspunkt der Skripttheorie ist die Annahme, dass der Mensch sein Leben entsprechend seinem Lebensmanuskript gestaltet. Dieses Lebensmanuskript, oder wie man auch sagen könnte, der Lebensplan – beruht auf Entscheidungen, die der Mensch in seiner frühesten Kindheit trifft. Daher ist das Skript dem Menschen im Allgemeinen auch nicht bewusst. Es wird maßgeblich durch die verbalen und nonverbalen Botschaften der Eltern oder Elternfiguren geprägt und dient dem Überleben in einer Zeit, in der das Kind vollkommen von seinen Eltern abhängt.

Betrachten wir die ersten Jahre im Leben eines Menschen: Nach der Geburt befindet sich der Mensch zunächst in seinem natürlichen Kind-Ich-Zustand. Bekommt das Kind sehr viel positive Zuwendung in Form von bedingungsloser Liebe, kann es sich frei entwickeln und neugierig die Welt erforschen. Fühlt es sich hingegen nicht angenommen, hat dies Auswirkungen auf sein gesamtes Leben, auf das Bild, das es von sich selbst entwirft, die Art und Weise, wie es anderen Menschen begegnet und wie es Probleme angeht.

Aber auch Kinder, die von ihren Eltern geliebt werden, bekommen die unterschiedlichsten Botschaften übermittelt.

Jedes Kind macht die Erfahrung, dass die Eltern auf sein Verhalten unterschiedlich reagieren. Es bekommt positive, negative oder gar keine Zuwendung und lernt, wie es sich verhalten muss, um erwünschte Reaktionen bei seinen Eltern hervorzurufen. In diesem Zusammenhang sei erwähnt, dass eine negative Zuwendung immer noch besser ist als gar keine Zuwendung. Dies erklärt, weshalb Kinder, die wenig Zuwendung erfahren, bestrebt sind, alles Erdenkliche zu tun, um Aufmerksamkeit zu erregen und Zuwendung zu erzwingen.

2.3.4.1. Bann-Botschaften

Aufgrund der weitreichenden Auswirkungen, die negative Botschaften erzielen, werden sie auch Bann-Botschaften oder Einschärfungen genannt.

Bann-Botschaften stammen aus dem Kind-Ich der Eltern und werden im Kind-Ich des Kindes gespeichert.

Wie genau die Speicherung vor sich geht, ist bis heute noch nicht vollständig erforscht.

Ein Modell, mit dem die unterschiedlichsten Erfahrungen, die der Mensch im Verlauf seines Lebens speichert, klassifiziert werden können, ist das Strukturdiagramm zweiter Ordnung. Es lässt sich als eine Art „Ablagesystem" vorstellen.[23]

2.3.4.2. Strukturdiagramm zweiter Ordnung

Im Strukturdiagramm erster Ordnung wurden die drei grundlegenden Ich-Zustände vorgestellt. Es wurde gesagt, dass jeder Mensch in Abhängigkeit der jeweiligen Situation verschiedene Ich-Zustände einnimmt. Betrachten wir zunächst das Kind-Ich, im Folgenden K2 genannt.

Ausgehend vom natürlichen Kind-Ich (K1 in K2) scheint ein Kind mit ca. drei Monaten in der Lage zu sein, die Gefühle seiner wichtigsten Bezugspersonen zu erkennen und darauf zu reagieren. Diese Intuition wird dem Erwachsenen-Ich im Kind (ER1 in K2) zugeordnet und gilt als Quelle des schöpferischen Denkens. Das Erwachsenen-Ich im Kind wird auch „kleiner Professor" genannt.

Wenn ein Kind gelernt hat, wie es sich am besten verhält, um Zuwendung zu erhalten, und aus diesem Zustand heraus agiert, befindet es sich in seinem Eltern-Ich (EL1 in K2). Sichtbar wird dieses Verhalten auch, wenn das kleine Kind im selben Tonfall wie seine Mutter oder sein Vater mit seinen Puppen spricht.

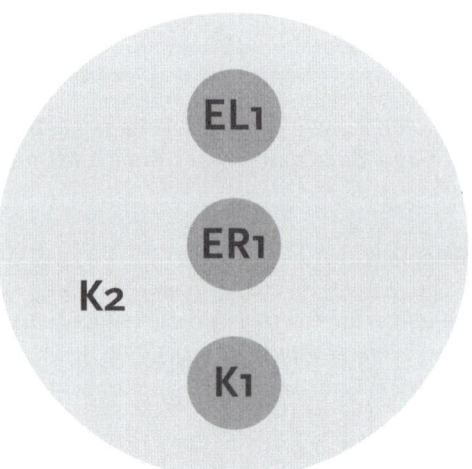

Abb. 38: Kind-Ich

Mit zunehmendem Alter wächst die Zahl der Erfahrungen. Wenn das Kind erwachsen geworden ist, hat es eine Fülle an Erfahrungen gespeichert. Aus diesem Fundus schöpft der erwachsene Mensch, auch bei der Erziehung der eigenen Kinder. Betrachten wir nun das Eltern-Ich des Erwachsenen, im Folgenden EL2 genannt. Alle Personen, die in irgendeiner Weise für den Erwachsenen Bedeutung erlangten, wurden im Eltern-Ich (EL2) gespeichert. Jede dieser verinnerlichten Personen verfügt über einen Eltern-Ich-, Erwachsenen-Ich- und Kind-Ich-Zustand. Sie werden als EL3, ER3 und K3 bezeichnet. Die Anzahl der verinnerlichten Personen ist von Mensch zu Mensch verschieden.

Die folgende Abbildung zeigt die Struktur des Eltern-Ichs:

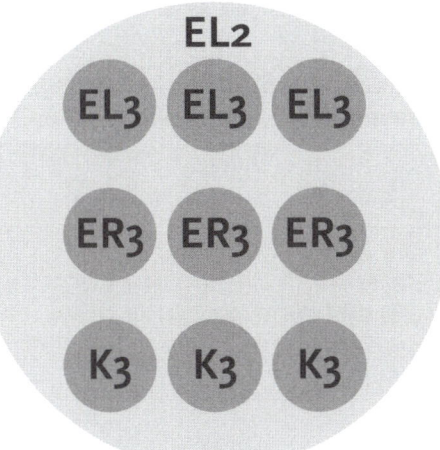

Das Erwachsenen-Ich (ER2) des Menschen wird nicht weiter unterteilt, da das Verhalten in diesem Zustand auf Entscheidungen beruht, die in der unmittelbaren Gegenwart getroffen werden.

Die drei soeben beschriebenen Ich-Zustände bilden zusammengefügt das Strukturdiagramm zweiter Ordnung.

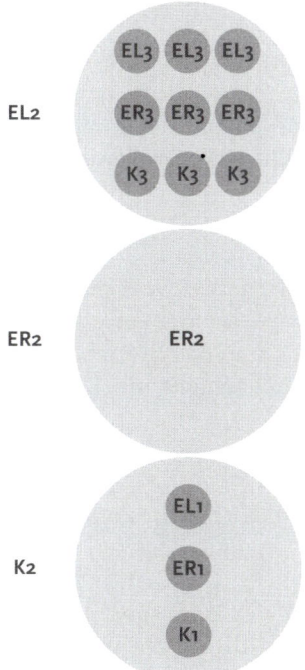

Abb. 40:
Strukturdiagramm
zweiter Ordnung

Das Strukturdiagramm zweiter Ordnung ist ein hilfreiches Instrument, um zu ergründen, welche Botschaften den Skriptentscheidungen zugrunde liegen.

Bisher wurden einige Beispiele für Bann-Botschaften genannt. Das Tragische an ihnen ist ihre mitunter verheerende Wirkung.

Beispiel:
„Denke nicht" oder *„Lass es sein"* – *zu diesem Schluss können Kinder gelangen, wenn sie mehrfach erleben, dass ihre Fragen als lästig und störend empfunden werden und die Eltern sie anhalten, sich ruhig zu verhalten und ohne Widerrede das zu tun, was man ihnen sagt. Autoritätshörigkeit ist oft die Folge.*

Übung: Wirkungen von Bann-Botschaften
Welche Schlussfolgerungen können Kinder ziehen, wenn sie intuitiv spüren, dass ihr Wunsch nach Körperkontakt von ihren Eltern nicht geteilt wird und sie stattdessen die Botschaft empfangen: **„Komm mir nicht zu nahe"?**

Es ist davon auszugehen, dass Eltern die Tragweite ihrer Botschaften nicht bewusst ist. Bann-Botschaften haben ihren Ursprung im Kind-Ich der Eltern oder Eltern-Figuren, und sie werden im Kind-Ich des Kindes gespeichert.

Selbstverständlich gibt es nicht nur negative Botschaften. Positive Botschaften, auch „Erlaubnisse" genannt, können die Wirkung von Bann-Botschaften abschwächen oder aufheben. Erlaubnisse stammen ebenfalls aus dem Kind-Ich der Eltern oder Eltern-Figuren und werden ebenso im Kind-Ich des Kindes gespeichert.

2.3.4.3. Programm
Eine weitere Kategorie von Botschaften wird „Programm" genannt. Hierunter werden alle Botschaften zusammengefasst, die aus dem Erwachsenen-Ich der Eltern kommen und an das Erwachsenen-Ich des Kindes gerichtet sind. Es handelt sich größtenteils um Erklärungen, wie man was am besten macht.

2.3.4.4. Wegweiser
Botschaften, die dem Eltern-Ich der Eltern entspringen und sich an das Eltern-Ich des Kindes wenden, werden „Gegeneinschärfungen" oder „Wegweiser" genannt. Die Bezeichnung „Gegeneinschärfungen" ist im Grunde nicht korrekt. Sie stammt aus der Anfangszeit der Transaktionsanalyse und beruht auf dem Glauben, das diese Botschaften den Bann-Botschaften entgegenwirken. Inzwischen wurde erkannt, dass dies zwar der Fall sein

kann, aber eben nicht immer der Fall ist. Im Gegenteil – heute geht man davon aus, dass einige „Wegweiser" die Wirkung von Bann-Botschaften auch verstärken können und andere keine erkennbare Wirkung auf diese haben.

Die folgende Skript-Matrix enthält die verschiedenen Arten von Botschaften, ihren Ursprung und den Ort, in dem diese Botschaften gespeichert werden.

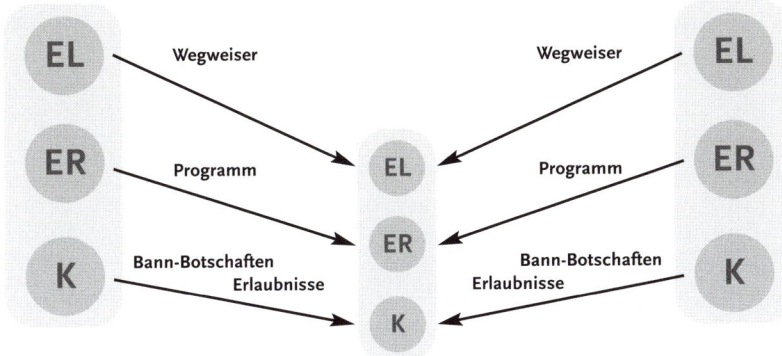

Abb. 41: Skript-Matrix

Die folgenden fünf „Wegweiser" sind für das Skript vieler Menschen von großer Bedeutung. Aufgrund der Tatsache, dass sie in oft zwanghafter Weise befolgt werden, werden sie auch „Antreiber-Botschaften" genannt.

1.
„Sei perfekt!" Menschen, die diese Botschaft verinnerlicht haben, setzen hohe Maßstäbe an sich und andere. Aufgaben werden erst dann als abgeschlossen betrachtet, wenn das Ergebnis vollkommen und perfekt ist, das heißt, wenn alle Kriterien zu über 100% erfüllt sind.

Abb. 42: Antreiber 1

85

2.

„Streng dich an!" „Ohne Schweiß kein Preis" oder „Nur dem Tüchtigen winkt der Erfolg", so könnte die Devise auch lauten. Eine Aufgabe, die nicht mit Anstrengung verbunden ist, ist keine Aufgabe. Mit zäher Beharrlichkeit und den Parolen „Immer dranbleiben" und „Nur nicht aufgeben" folgend, mühen sich Menschen mit dieser verinnerlichten Botschaft ihr Leben lang ab, ohne sich Ruhepausen zu gönnen, oder wenn sie dies tun, nicht ohne ein schlechtes Gewissen zu haben. Vermutlich ist ihnen das Sprichwort „Wer rastet, der rostet" überaus vertraut und wirkt als zusätzliche Warnung, was passieren könnte, wenn man sich nur ein wenig gehen lassen würde.

Abb. 43: Antreiber 2

3.

„Sei stark!" Menschen, die dieser Botschaft folgen, wollen sich keine Blöße geben. Sie erlauben sich niemals, schwach zu sein und Hilfe anzunehmen. Auch wenn es ihnen noch so schwer fällt, nach dem Motto „Haltung bewahren" und „Zähne zusammenbeißen" kämpfen sie sich mit eiserner Disziplin durch den dicksten Schlamassel.

Abb. 44: Antreiber 3

4.

„Beeil dich!" Schnell, schnell, nur keine Zeit verlieren, man könnte was verpassen. Menschen, die diese Botschaft beherzigen, versuchen alle Dinge schnell und in Folge möglichst viel auf einmal zu erledigen. Schnelle Sprache, schneller Gang, schnelles Essen, wo sie sind, verbreiten sie Hektik und verhindern somit das Zustandekommen von Nähe.

Abb. 45: Antreiber 4

5.

„Mach es allen recht!" Menschen mit dieser verinnerlichten Botschaft drängen ihre eigenen Bedürfnisse zugunsten anderer zurück. In dem Bestreben, anerkannt und beliebt zu sein, sorgen sie dafür, dass sich die anderen wohl fühlen können. Der Preis, den diese Menschen für diese Anerkennung zahlen, ist hoch. Wer sich immer um andere bemüht, macht sich von ihnen abhängig und verliert dabei seine Eigenständigkeit.

Abb. 46: Antreiber 5

Auf Grundlage der Botschaften, die ein Kind empfängt, entwickelt es Theorien über sich selbst und seine Umwelt. Die Folge ist die Entscheidung über ein Lebensmanuskript.

Berne unterscheidet drei Kategorien von Lebensskripten:
- Gewinnerskripts,
- Verliererskripts und
- banale Skripts.

Ein Mensch mit einem Gewinnerskript hat sehr viele O.K.-Botschaften in Form von Erlaubnissen bekommen, die es ihm ermöglichen, seine Fähigkeiten frei zu entfalten. Die Verantwortung für sein Leben zu übernehmen ist dem Gewinner selbstverständlich. Er weiß genau, was er will, und verfolgt seine Ziele, bis sie erfüllt sind. Wie sich erahnen lässt, versteht es der Gewinner, sein Leben in vollen Zügen zu genießen.

Anders ein Mensch mit einem Verliererskript. Unfähig, die eigenen Potenziale zu mobilisieren, verbringt ein Verlierer viel Zeit damit, die Schuld für sein Elend anderen zuzuschreiben. Nörgeleien und Streitereien bestimmen ebenso die Tagesordnung wie Depressionen, Magengeschwüre, Bluthochdruck usw. Wenn sich ein Verlierer Ziele setzt, was nicht immer der Fall ist, erreicht er sie im Allgemeinen nicht.

Das banale Skript liegt zwischen dem Gewinner- und dem Verliererskript. Menschen mit diesem Skript, das auch „Nichtgewinnerskript" genannt wird, haben sowohl O.K.-Botschaften als auch Nicht- O.K.-Botschaften erhalten. Wenngleich Nichtgewinner durchaus ihre Ziele erreichen können, ist der Preis, den sie zahlen, hoch. Vor lauter Arbeit kommt die Freude am Leben viel zu kurz. Im Bestreben, gute Leistungen zu erzielen, mühen sich Nichtgewinner oft bis zur Erschöpfung, so dass sie kaum noch Kraft aufbringen können, um das Leben wirklich zu genießen.

Der Prozentsatz der Menschen, die nach dem Gewinnerskript leben, ist relativ gering. Sehr viele Menschen bewegen sich in der Mitte und leben nach einem banalen Skript.

Nach welchem Skript leben Sie?

Falls Sie sich nicht zu den Gewinnern zählen sollten – hier eine tröstliche Nachricht: Jeder Mensch kann sein Lebensskript ändern!

Die folgende Übung kann Ihnen helfen, Ihrem Skript auf die Spur zu kommen.

Übung: Botschaften

Bitte beantworten Sie die folgenden Fragen in der vorgegebenen Reihenfolge. Achten Sie bei jeder Antwort auf Ihre Empfindungen.

1. *Welche Normen und Werte wurden in Ihrem Elternhaus vertreten?*

Normen und Werte	*Empfindungen*

2. *Welche Normen und Werte sind Ihnen heute sehr wichtig?*

3. *Was glauben Sie, welche Botschaften haben ihr Leben geprägt und prägen es immer noch?*

4. *Denken Sie an eine Botschaft, die Ihnen Unbehagen bereitet.*
In welchen Situationen wird Ihr Verhalten durch diese Botschaft beeinflusst?
Wählen Sie eine typische Situation aus Ihrem beruflichen Alltag aus.

5. *Wie würden Sie in dieser Situation handeln, wenn es diese Botschaft nicht gäbe?*
Welche Konsequenzen hätte das für Ihr Verhalten?

6. *Welche Empfindungen löst diese Vorstellung in Ihnen aus?*

7. *Wenn Sie glauben, dass Ihnen ein verändertes Verhalten gut täte, suchen Sie bitte nach Gründen, die Sie hindern könnten, es auszuprobieren. Welche Bedingungen brauchen Sie, um einen neuen Weg zu beschreiten?*

Sich seines Skripts bewusst zu werden ist der erste Schritt zur Veränderung oder, wie Berne sagt, zur Heilung. Dass dies ein mühsamer Prozess ist, der sich in kleinen Schritten vollzieht, zeigt das Gedicht von Portia Nelson in beispielhafter Weise:

„Autobiographie in fünf kurzen Kapiteln

I.
Ich gehe die Straße hinab.
Im Bürgersteig ein tiefes Loch.
Ich falle hinein.
Ich bin am Ende … Ich bin hilflos.
Aber ich kann nichts dafür.
Es dauert ewig, hier wieder herauszukommen.

II.
Ich gehe die gleiche Straße hinab.
Im Bürgersteig ein tiefes Loch.
Ich tue, als sähe ich es nicht.
Ich falle wieder hinein.
Ich kann nicht glauben, dass ich wieder drinstecke.
Aber ich kann nichts dafür.
Und wieder dauert es lange, bis ich herauskomme.

III.
Ich gehe die gleiche Straße hinab.
Im Bürgersteig ein tiefes Loch.
Ich sehe, dass es da ist.
Und ich falle wieder hinein … Es ist schon Gewohnheit.
Meine Augen sind auf.
Ich weiß, wo ich bin.
Ich kann sehr wohl etwas dafür.
Ich steige sofort aus.

IV.
Ich gehe die gleiche Straße hinab.
Im Bürgersteig ein tiefes Loch.
Ich gehe drum herum.

V.
Ich gehe eine andere Straße hinab."[24]

Zusammenfassung:

Skriptanalyse

Die Skripttheorie geht von der Annahme aus, dass der Mensch sein Leben entsprechend seinem Lebensmanuskript gestaltet. Jedes Lebensmanuskript, auch Lebensplan genannt, kann einer von drei Kategorien zugeordnet werden: „Gewinnerskripts", „Verliererskripts" oder „banalen Skripts".

Das Lebensmanuskript beruht auf Entscheidungen, die der Mensch in seiner frühesten Kindheit trifft. Daher ist es dem Menschen im Allgemeinen auch nicht bewusst. Es wird maßgeblich durch die verbalen und nonverbalen Botschaften der Eltern oder Elternfiguren geprägt und dient dem Überleben in einer Zeit, in der das Kind vollkommen von seinen Eltern abhängt. Es werden verschiedene Arten von Botschaften unterschieden:

Erklärungen, wie man was am besten macht, werden „Programm" genannt. „Bann-Botschaften" oder „Einschärfungen" sind negative Botschaften mit weitreichenden Folgen. Eine dritte Form von Botschaften wird „Wegweiser" genannt. Auch sie haben eine große Bedeutung für viele Menschen. Häufig vorkommende Wegweiser sind die so genannten „Antreiber-Botschaften": „Sei perfekt!", „Streng dich an!", „Sei stark!", „Beeil dich!" und „Mach es allen recht!"

Menschen sind ihrem Lebensskript nicht willenlos ausgeliefert, sie können es ändern!

3. Konflikte

Der Begriff Konflikt entstammt dem Lateinischen „configere" und bedeutet Zusammenstoß. Kennzeichen eines Konfliktes ist das Aufeinanderprallen von scheinbar oder tatsächlich unvereinbaren Zielen. Konflikte können innerhalb einer Person (intraindividueller Konflikt) oder zwischen verschiedenen Personen, Gruppen, Organisationen (interindividueller oder sozialer Konflikt) stattfinden. Das Thema des folgenden Kapitels sind soziale Konflikte.

Von einem sozialen Konflikt spricht man, wenn sich mindestens eine Konfliktpartei auf Grund der Unvereinbarkeiten im Wahrnehmen, Denken, Vorstellen und/oder Fühlen und/oder Wollen durch die andere Partei beeinträchtigt erlebt.[25]

3.1. Konflikttypen

Konflikte lassen sich hinsichtlich verschiedener Kriterien wie:
- Art der Streitgegenstände,
- Eigenschaften der Konfliktparteien und
- Erscheinungsformen

klassifizieren.[26]

Art der Streitgegenstände

Zur ersten Kategorie zählt u.a. die Unterscheidung von Sach- und Beziehungskonflikten. Bei Sachkonflikten liegen die Streitpunkte außerhalb der gegnerischen Partei. Typische Inhalte von Sachkonflikten sind Ziele, Beurteilungen und Verteilungsmodi, gemeint ist die Art und Weise, wie knappe Ressourcen verteilt werden sollen.

Als Beziehungskonflikte bezeichnet man die Konflikte, deren Streitpunkte innerhalb der gegnerischen Partei angesiedelt sind. Normen, Werte und bestimmte Verhaltensweisen des Gegners sind typische Inhalte dieser Konfliktart. Im Verlauf eines Konfliktes kommt es häufig zu einer Vermischung von Sach- und Beziehungskonflikten. Zum einen können anfängliche Sachkonflikte durch gestörte Beziehungen weiter ausufern, bis diese gänzlich im Vordergrund stehen, und zum anderen werden Beziehungskonflikte über die Auseinandersetzung mit rein sachlichen Themen ausgefochten.

Eigenschaften der Konfliktparteien

Eine weitere Möglichkeit, Konflikte zu unterscheiden, ist die Betrachtung der Ebene, auf der Konflikte angesiedelt sind. Für die Konfliktlösung macht es einen Unterschied, ob sich ein Konflikt innerhalb einer Person abspielt (Rollenkonflikt) oder zwischen verschiedenen Personen, Gruppen oder Organisationen. Ebenso entscheidend ist die Frage, ob es sich um einen „persönlichen Konflikt" handelt oder um einen „unpersönlichen Konflikt", der über Repräsentanten ausgetragen wird. Ein weiteres Kriterium ist u.a. das Machtverhältnis. So lassen sich „symmetrische" und „asymmetrische" Konflikte unterscheiden.

Erscheinungsformen

Bekanntermaßen verläuft nicht jeder Konflikt gleich. Wird ein Konflikt als Chance oder Herausforderung wahrgenommen und konstruktiv gelöst, erfolgt eine Weiterentwicklung. Wird ein Konflikt jedoch nicht gelöst, kann er unter der Oberfläche (als latenter Konflikt) weiter brodeln, bis er infolge weiterer Zwischenfälle nicht mehr ignoriert werden kann. Ist die Toleranzschwelle (Point of no Return) einmal überschritten, gibt es keine Umkehr. An diesem Punkt angelangt, sind die Konfliktpartner nicht mehr in der Lage, den Konflikt in Ruhe zu klären. Starke Emotionen und hohe Anspannung, die noch zurückgehalten werden, prägen die Situation. Nun kann jeder noch so kleine Vorfall der letzte Tropfen sein, der das Fass zum Überlaufen bringt. Wenn das Maß voll ist, sind drei Entwicklungen möglich:
Entweder es kommt zur „Explosion",
oder es kommt zur „Implosion",
oder der Konflikt wird „chronisch".[27]

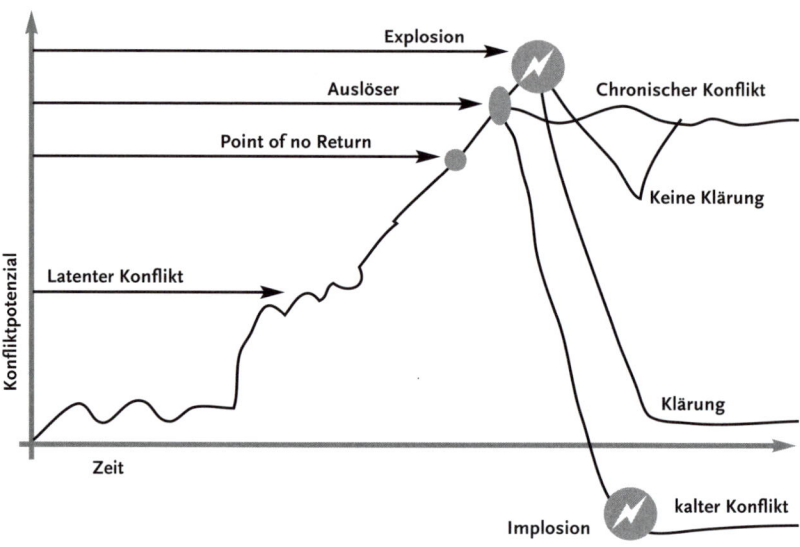

Abb. 47: Konfliktverläufe

Im Fall einer Explosion sind mehrere Verläufe möglich. Zunächst kann das „Explodieren" oder „Dampfablassen" eine Erleichterung bewirken. Wird im Anschluss der Konflikt geklärt, indem sich die Parteien aussprechen, kommt es zur Entspannung. Wird der Vorfall der Explosion übergangen, bleibt der Konflikt also ungelöst, kann er entweder chronisch werden, das heißt, der Konflikt bleibt bei hoher Spannung bestehen, ohne dass er geklärt wird, oder es folgen in Kürze weitere Explosionen.

Eine Implosion tritt ein, wenn eine Partei sozusagen innerlich explodiert, indem sie Frustrationen und negative Gefühle hinunterschluckt und sich völlig zurückzieht. Die Folge ist ein „kalter Konflikt". Eine Zusammenarbeit findet nicht mehr statt, der Gegner ist nach außen für die Partei gestorben. Trotzdem kann der Konflikt weiter eskalieren. Mittels indirekter Angriffe versucht man die gegnerische Partei nachhaltig zu schädigen. Langfristig gesehen wirken Konflikte, die kalt ausgetragen werden, destruktiver als „heiße Konflikte", da Implosionen das Selbstwertgefühl der Parteien angreifen und zerstören können. Aus diesem Grund ist die Behandlung eines „kalten Konfliktes" um vieles zeitaufwendiger als die eines heißen Konfliktes.

Welche Kriterien führen dazu, dass ein Konflikt eskaliert? Was passiert, wenn ein zunächst lösbar erscheinender Konflikt sich plötzlich ausweitet zu einem großen, nicht mehr überschaubaren Konflikt mit dramatischem Ausgang?

Die Beantwortung dieser Fragen erfolgt anhand des Phasenmodells der Eskalation von Glasl.[28]

3.2. Eskalation von Konflikten

Glasl unterscheidet neun Stufen der Konflikteskalation.

Stufe 1: Verhärtung

Die erste Stufe der Eskalation ist gekennzeichnet durch eine beginnende Erstarrung und Verfestigung der eigenen Standpunkte. Die Offenheit gegenüber der Argumentation der Gegenseite nimmt ab. Die Wahrnehmung ist verzerrt, positive Sachverhalte werden bevorzugt auf der eigenen Seite wahrgenommen. Der Blick richtet sich vor allem auf das, was die Parteien voneinander unterscheidet, Gemeinsames wird ausgeblendet.

Trotz zunehmender Spannungen sind die Konfliktparteien davon überzeugt, den Konflikt durch eine geordnete sachliche Auseinandersetzung lösen zu können, zumal der Wille zur Kooperation grundsätzlich vorhanden ist.

Stufe 2: Polarisation und Debatte

Kennzeichen der zweiten Stufe der Eskalation ist eine zunehmende Polarisation im Denken, Fühlen, Wollen und Handeln. Ging es auf der ersten Stufe nur um den „besseren Standpunkt", geht es jetzt auch noch darum, den eigenen Standpunkt besser zu vertreten, da ein Nachgeben in der Sache vermeintlich zu einem Prestigeverlust und weiteren nachteiligen Folgen führen würde. Die Beziehung wird als nicht gleichwertig angesehen, jede Seite versucht durch Imponierverhalten ihre Überlegenheit zu demonstrieren. Mittels scheinbar rationaler Taktiken versucht man die gegnerische Seite in die Enge zu treiben und zum Annehmen des eigenen Standpunktes zu bewegen. Der Ton wird schärfer, aus Gesprächen werden Wortgefechte. Die Kommunikation wird vieldeutig. Zwischen Kooperations- und Konkurrenzverhalten besteht ein labiles Gleichgewicht. Einerseits besteht nach wie vor der Wunsch nach Kooperation, andererseits werden die Interessen als konkurrierend wahrgenommen.

Stufe 3: Taten statt Worte

Ab der dritten Stufe überwiegt das Konkurrenzverhalten, wenngleich der Wunsch zu kooperieren noch nicht gänzlich aufgegeben wurde. Im Bestreben, die eigenen Absichten durchzusetzen, behindern sich beide Konfliktparteien durch gegenseitiges Dominieren und Blockieren. Die verbale Kommunikation tritt in den Hintergrund, da zwischenzeitig die Überzeugung gewonnen wurde, dass erneute Diskussionen keinen wirklichen Fortschritt bringen. In der Hoffnung, die Gegenseite durch vollendete Tatsachen überzeugen zu können, gehen beide Seiten zum aktiven Handeln über. Dabei provoziert jede Aktion eine Gegenaktion. Durch die mangelnde verbale Kommunikation steigt die Zahl der Fehlinterpretationen, was ebenfalls zu einer Verhärtung der Fronten führt. Innerhalb der eigenen Reihen steigt das Zusammengehörigkeitsgefühl und der Konformitätsdruck.

Stufe 4: Sorge um Image und Koalition

Mit dem Übergang zur Stufe vier erreicht der Konflikt eine neue Dimension. Waren auf den ersten drei Stufen noch Win-Win-Lösungen denkbar, so scheint diese Möglichkeit ab der vierten Stufe immer weniger realisierbar. Sieg oder Niederlage heißt die neue Devise. Es gilt, das Gesicht zu wahren und die eigene Position zu stärken. Die Kommunikation wird zunehmend schwieriger, da verdeckte und gekreuzte Transaktionen überwiegen, in denen die Gegenpartei abgewertet und die eigene Partei aufgewertet, ja regelrecht glorifiziert wird. Das Handeln nimmt fanatische Züge an, Bündnispartner werden gesucht.

Stufe 5: Gesichtsverlust

Ab der fünften Stufe kommt es zu einer umfassenden Ideologisierung des Konflikts, das heißt, der Konflikt wird zu einer Sache heiliger Werte. Die gegnerische Partei wird jetzt zur Gänze verteufelt, die eigene Partei zum Verfechter des Guten hochstilisiert. Es kommt zu öffentlichen „Gesichtsangriffen", worunter Aktionen verstanden werden, die darauf abzielen, die gegnerische Partei öffentlich in Misskredit zu bringen. Ein Gesichtsverlust wird von den Konfliktparteien als Demaskierung erlebt. Man glaubt erst jetzt das wahre Wesen des Gegners erkannt zu haben. Alle bisherigen negativen Erfahrungen werden zu einem völlig neuen Bild der gegnerischen Partei zusammengefügt. Parteien, die einen Gesichtsverlust hinnehmen mussten, setzen alle Hebel in Bewegung, um rehabilitiert zu werden.

Stufe 6: Drohstrategien

Kennzeichen der sechsten Stufe ist eine zunehmende Gewaltbereitschaft. Im Mittelpunkt des Geschehens stehen radikale Drohmanöver, mit dessen Hilfe die Konfliktparteien die Situation unter Kontrolle bekommen wollen. Tatsächlich tritt das Gegenteil ein. Jede Seite sieht in der Drohung eine große Gefährdung ihrer Werte. Da sich die Konfliktpartner gegenseitig in die Enge treiben, indem sie einander den Entscheidungs- und Handlungsspielraum beschneiden, wächst die Spannung, und pathologische Denkweisen nehmen zu. Es droht eine sprunghafte Ausweitung des Konflikts.

Stufe 7: Begrenzte Vernichtungsschläge

Ab der siebten Stufe ist den Konfliktbeteiligten klar, dass sie nicht mehr wirklich gewinnen können. Jetzt geht es nicht mehr um Sieg oder Niederlage, sondern darum, die eigenen Verluste zu begrenzen und dafür zu sorgen, dass der Gegner den größeren Schaden davonträgt. Der Feind wird nicht mehr als menschliches Wesen betrachtet, sondern als störendes Objekt, das im Notfall vernichtet werden kann. Die Schädigungsschläge richten sich vor allem auf die Güter des Gegners, die als Machtmittel identifiziert wurden. Entmachtung – das ist jetzt das Ziel.

Stufe 8: Zersplitterung
Aktionen, die ab der achten Stufe erfolgen, zielen auf die Vernichtung der Macht- und Existenzgrundlage des Gegners durch Zersplitterung seiner Kräfte. Die einzige Furcht, die die Gegner jetzt noch daran hindert, völlig zügellos zu agieren, ist die Gefahr, dabei das eigene Leben zu verlieren.

Stufe 9: Gemeinsam in den Abgrund
Das letzte Stadium ist erreicht. Alle Brücken wurden abgerissen, es gibt kein Zurück mehr. Der Untergang ist sozusagen vorprogrammiert. Die einzige Genugtuung, die den Konfliktparteien bleibt, ist die, dass der Gegner mit in den Abgrund gerissen wird.

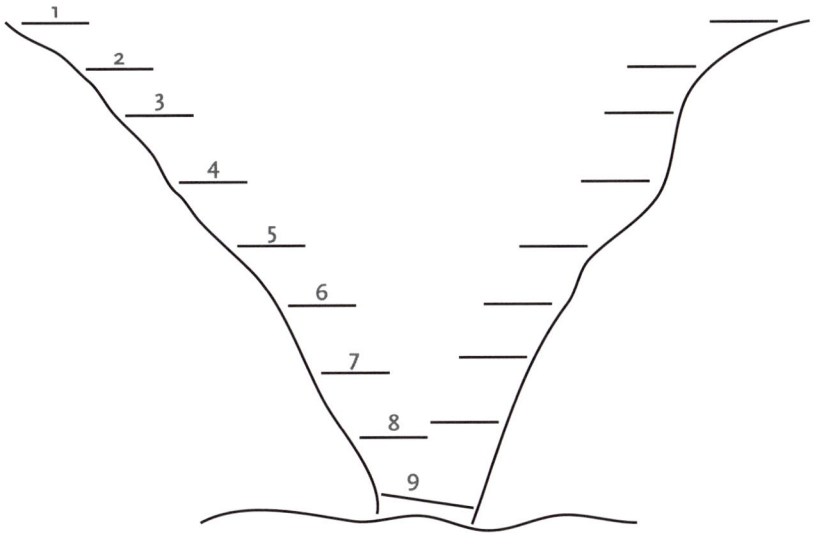

Abb. 48:
Stufen der
Konflikteskalation

Jeder Konflikt stellt für alle Beteiligten eine besondere Herausforderung dar. Um ihn lösen zu können, bedarf es großer Willensanstrengungen. Je weiter ein Konflikt eskaliert ist, umso schwieriger wird es. Bis zur dritten Stufe kann ein Konflikt noch von den Parteien selbst gelöst werden, das heißt, mit dem Ende der dritten Stufe ist die „Grenze der Selbsthilfe" erreicht.[29]

Spätestens ab der vierten Stufe sollte professionelle Hilfe in Anspruch genommen werden, wobei zu berücksichtigen ist, dass beraterische und therapeutische Strategien nur bis zur sechsten Stufe greifen. Ab der siebten Stufe sind nur noch Schiedsverfahren und Machteingriffe wirksam.

Da jede Eskalationsstufe spezifische Interventionen erfordert, steht am Anfang jeder Konfliktbearbeitung die Konfliktdiagnose.

3.3. Konfliktdiagnose

Die Konfliktdiagnose beginnt mit der Untersuchung des Konflikttyps.

- Um was für einen Konflikt handelt es sich?
- Welcher Art sind die Streitgegenstände?
- Wie ist es zu dem Konflikt gekommen?
- Was genau ist passiert?
- Auf welcher Ebene findet der Konflikt statt?
- Wer ist an dem Konflikt beteiligt?
- Welche Position vertreten die Konfliktparteien?
- Wie sieht das Machtverhältnis zwischen den Beteiligten aus?
- In welcher Form tritt der Konflikt in Erscheinung?
- Auf welcher Eskalationsstufe agieren die Konfliktparteien gegenwärtig?
- Was wurde bisher zur Lösung des Konflikts unternommen?
- Woran liegt es, dass bisherige Lösungsversuche nicht erfolgreich verliefen?
- Wie hoch ist die Bereitschaft aller Beteiligten, den Konflikt konstruktiv zu lösen? Zu welchem Einsatz sind die Parteien bereit?

3.4. Strategien zur Konfliktbewältigung

Viele Konflikte lassen sich lösen, wenn es gelingt, die Welt der anderen zu verstehen und die eigene Sicht so offen zu legen, dass ein Vergleich möglich wird. Selbstverständlich müssen die Konfliktpartner auch bereit sein, eine für alle Seiten annehmbare Lösung zu finden.

Der erste Schritt zur Beilegung eines Konfliktes ist daher das Verstehen der Sichtweisen aller Beteiligten.

Phase 1: Verstehen
Jeder Konflikt hat seine Geschichte. Um diese zu verstehen, sind die Konfliktparteien in dieser Phase aufgefordert,

- die eigene Sichtweise des Geschehens offen darzustellen und
- sich für die anderen Sichtweisen zu öffnen.

Für die Phase der Schilderung des eigenen Konflikterlebens sind folgende Regeln zu beachten:

- ⚬ Jeder hat das Recht, seine Sichtweise in Ruhe und ohne unterbrochen zu werden zu schildern.
- ⚬ Nach Beendigung der Schilderung dürfen nur Verständnisfragen gestellt werden. Kommentare zum Inhalt sind in dieser Phase nicht gestattet.

Sinn dieser Regeln ist es zum einen sicherzustellen, dass jeder seine Sichtweise zu Gehör bringen kann und zum anderen, einen Rahmen zu schaffen, in dem größtmögliche Offenheit möglich wird. Wenn die Konfliktparteien befürchten müssen, aufgrund ihrer Sichtweise von der anderen Seite attackiert zu werden, wird sich dies auf ihre Bereitschaft zur Offenheit auswirken.

Um die eigene Sichtweise transparent zu machen, empfiehlt sich die Darstellung anhand des so genannten „Bewusstheitsrades". Das Bewusstheitsrad enthält die fünf Segmente Wahrnehmen, Denken, Fühlen, Wollen und Handeln. In der ersten Phase ist es sehr hilfreich, mit der Schilderung dessen, was wahrgenommen wurde, zu beginnen und mit der Schilderung der ausgelösten Gedanken und Gefühle fortzufahren. Diese Vorgehensweise hilft den Zuhörern zu verstehen und nachzuvollziehen, wie es zu bestimmten Verhaltensweisen kam. Wichtig ist in dem Zusammenhang, dass Verstehen nicht gleich Billigen heißt. Wenn ich das Verhalten eines Menschen verstehe, heißt das nicht, dass ich das Verhalten auch gutheißen muss.

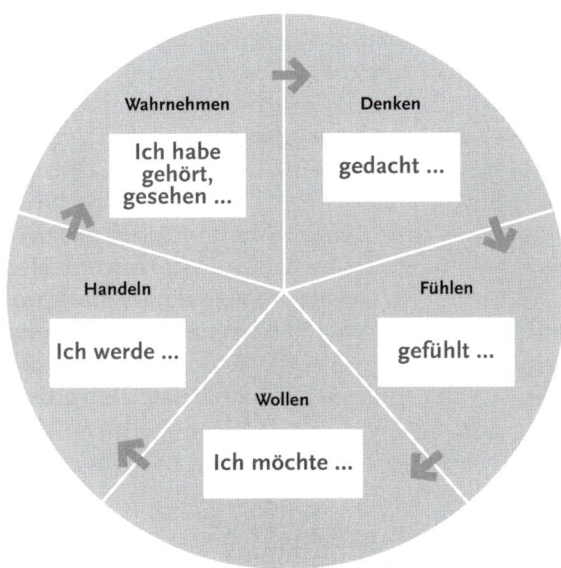

Abb. 49: Bewusstheitsrad

Auch wenn es schwer fällt, über die Gefühle zu sprechen, die bestimmte Verhaltensweisen der Konfliktpartei in der eigenen Person hervorgerufen haben, ist es dennoch wichtig, dies zu tun. Nur so ist es möglich, die andere Partei wirklich zu verstehen. Verständnis aber ist die Voraussetzung für die nachfolgende Phase der Klärung.

Übung: Verstehen

Die folgende Übung bietet Ihnen die Gelegenheit, zu überprüfen, ob und inwieweit sich das Äußern von Gefühlen auf das Verständnis auswirkt.
Lesen Sie bitte erst die gesamte Übung durch, bevor Sie beginnen.

Bitte wählen Sie sich einen Partner und vereinbaren Sie mit ihm, wer zuerst die Rolle des Sprechers übernimmt.

1. Durchgang:
Als Sprecher ist es Ihre Aufgabe, dem Partner von einem Ihnen unangenehmen Erlebnis zu berichten. Versuchen Sie bei der Erzählung keine Gefühle zu zeigen und auch nicht über ihre Gefühle zu sprechen.
Nach dem Ende des Berichtes teilt der Zuhörer dem Sprecher mit, was er verstanden hat. An dieser Stelle sollten keine Fragen gestellt werden und auch kein Austausch erfolgen.

2. Durchgang:
Bitte schildern Sie Ihrem Partner noch einmal das unangenehme Erlebnis, diesmal ausführlich anhand des Bewusstheitsrades. Beginnen Sie jetzt mit dem, was sie in der Ausgangssituation wahrgenommen haben, und fahren dann fort mit der Schilderung Ihrer Interpretationen und der dadurch ausgelösten Gefühle.

Aufgabe des Zuhörers ist es, dem Sprecher im Anschluss mitzuteilen,
a) was er diesmal verstanden hat,
b) welche Gedanken ihm bei der Erzählung Nr. 1 und Nr. 2 durch den Kopf gingen und
c) welche Gefühle in ihm bei der Erzählung Nr. 1 und Nr. 2 ausgelöst wurden.
Nach einem kurzen Austausch wechseln Sie bitte die Rollen.

Phase 2: Klären

Wenn alle Konfliktparteien ihre Sichtweise geschildert haben, kann die zweite Phase, die Klärung, beginnen. Jetzt sollten die Parteien in einen Dialog treten, mit dem Ziel, die unerledigten Dinge zu erledigen, das heißt, die Themen zu besprechen, die in den Parteien ungute Gefühle hinterließen.

Der Wert konstruktiver Aussprachen kann kaum überschätzt werden. Wenn fällige Aussprachen nicht stattfinden, wirken sie im Untergrund weiter und vergiften nachhaltig die Atmosphäre.

Aussprachen, die den Menschen emotional sehr berühren, erfordern eine besondere Sorgfalt. Sicherlich hat jeder schon die Erfahrung gemacht, dass ein falsches Wort zum Aufreißen alter Wunden führte. Im Kapitel 1.2. wurde erläutert, wie wichtig der Erhalt oder Aufbau des Selbstwertgefühls für den Menschen ist. Gespräche, die aus einer Aneinanderreihung von Vorwürfen bestehen, sind mit Sicherheit nicht geeignet, das Klima zu verbessern, da sie das Selbstwertgefühl angreifen. Wie aber können Probleme, die Menschen mit dem Verhalten anderer haben, angesprochen werden, ohne verletzend zu wirken? Eine sehr wirksame Strategie ist in diesem Fall das Senden von Ich-Botschaften.

3.4.1. Ich-Botschaften

Vorwürfe sind im Grunde verunglückte Wünsche. Wenn ich anstelle von Vorwürfen die dahinter stehenden Wünsche formuliere, steigt die Chance, dass diese Wünsche beim Empfänger ankommen und angenommen werden. Das Wort „Ich-Botschaft" soll zum Ausdruck bringen, dass ich von mir spreche, von dem, was das in meinen Augen problematische Verhalten in mir auslöst. Ich-Botschaften basieren auf dem oben beschriebenen Bewusstheitsrad und bestehen aus drei Teilen:

1. eine Beschreibung des Verhaltens, das ich für problematisch halte,
2. die Gefühle, die dieses Verhalten in mir auslöst, und
3. die Wirkung, die das Verhalten auf mich hat.

> **Beispiele:**
> *Dass Sie in letzter Zeit mehrfach zu spät zu unseren Projektbesprechungen kamen, ärgert mich sehr, weil ich das als mangelnde Wertschätzung empfinde und befürchte, dass das Klima darunter leidet.*
>
> *Ich habe erfahren, dass Sie sich negativ über meine Person bzw. meine Arbeit geäußert haben. Ich bin ziemlich verärgert, aber auch enttäuscht darüber, weil ich das als Vertrauensbruch erlebe.*

Die Beschreibung des Verhaltens sollte konkret sein und sich auf bestimmte Situationen beziehen. Verallgemeinerungen wie „immer", „nie", „typisch" usw. provozieren eine Abwehrhaltung und sollten unbedingt vermieden werden. Wichtig ist auch, dass Sie nicht abschweifen, sondern bei dem gewählten Thema im Hier und Jetzt bleiben.

Übung: Ich-Botschaften

1. *Wann haben Sie sich zuletzt über ein bestimmtes Verhalten eines Mitmenschen ge-ärgert? Bitte denken Sie an diese Situation zurück. Haben Sie Ihrem Ärger Raum ge-geben und sich geäußert? Wenn ja, in welcher Form? Stellen Sie sich bitte vor, dass Sie dieses Verhalten ihres Mitmenschen beim nächsten Auftreten ansprechen möchten. Formulieren Sie eine entsprechende Ich-Botschaft.*

2. *Stellen Sie sich bitte vor, dass ein Kollege zum wiederholten Mal ohne zu klopfen ihr Büro betritt. Angenommen, das Verhalten würde Sie stören, wie würde ihre Ich-Bot-schaft lauten?*

Auch wenn Ich-Botschaften im Vergleich zu Vorwürfen eine größere Chance haben, angenommen zu werden, kann dennoch nicht verhindert werden, dass sich Betroffene kritisiert und angegriffen fühlen können und daraufhin mit einem abwehrenden Verhalten reagieren. In diesem Fall, wenn sich die Betroffenen einer gewünschten Verhaltensänderung wider-setzen, hat es keinen Sinn, weitere Ich-Botschaften zu senden. Dann hilft nur ein schnelles Umschalten zu einer Strategie, die „aktives Zuhören" ge-nannt wird.

3.4.2. Aktives Zuhören

Auch wenn es simpel erscheinen mag – Zuhören ist nicht gleich Zuhören. Aktives Zuhören ist eine Kunst, die geübt sein will. Ihr Einsatz ist beson-ders hilfreich, wenn andere ein Problem mit mir haben. Beim aktiven Zu-hören hört der Empfänger nicht nur dem Sender aufmerksam zu, sondern er spiegelt darüber hinaus dem Sender zurück, was er verstanden hat. Dies geschieht mittels verschiedener Zuhörtechniken.

Die erste Möglichkeit, zu überprüfen, ob das, was der Sender gesagt hat, beim Empfänger richtig angekommen ist, ist das so genannte „Paraphra-sieren", das Umschreiben des Gehörten mit anderen Worten. Hierbei wie-derholt der Empfänger das, was er vom Sender gehört hat, mit seinen ei-genen Worten und vergewissert sich dabei, ob das stimmt.

Beispiel:

Sprecher:

„Sie und Ihre fixen Einfälle. Und an wem bleibt es wieder hängen? Ich bin die Dumme, die es ausbaden muss, wenn es wieder nicht hinhaut ..."

Zuhörer:

„Wenn ich Sie richtig verstanden habe, glauben Sie, dass Sie zur Verantwortung gezo-gen werden, wenn es bei der Umsetzung meiner Ideen Probleme gibt. Ist das so?"

Manche Sprecher tendieren dazu, über längere Zeit ununterbrochen zu reden und dabei vom Hundertsten ins Tausendste zu kommen. In diesem Fall ist es hilfreich, den Sender mit dem Hinweis zu unterbrechen, dass Sie kurz zusammenfassen wollen, was Sie bisher verstanden haben, um sicherzustellen, dass nichts Wichtiges verloren geht. Eine zusammenfassende Wiederholung sollte die wichtigsten Kernaussagen enthalten. Bei widersprüchlichen Aussagen können Sie Orientierungspunkte setzen, indem Sie die Aussagen gegenüberstellen.

Beispiel:
Zuhörer:
„Einerseits denken Sie ... und andererseits sehen Sie ...“

Nicht immer sind die Aussagen des Senders für den Empfänger nachvollziehbar. Um Fehlinterpretationen zu vermeiden, wird bei Unklarheiten mittels Wiederholung von Schlüsselwörtern und offener Fragen nachgehakt.

Beispiel:
Zuhörer:
Was meinen Sie mit „eigentlich“, „prinzipiell“, „an und für sich“, „vielleicht“ usw. Was heißt das für Sie genau?

Wenn der Sprecher verstummt ist, aber der Empfänger den Eindruck gewonnen hat, dass es im Sprecher weiter gärt, kann er direkt nach seinen Gefühlen fragen.

Beispiel:
Zuhörer:
„Wie geht es Ihnen damit?“ oder
„Ich frage mich gerade, was das für Sie bedeutet?“

Derartige Fragen helfen dem Sprecher, sich seiner Empfindungen bewusst zu werden. Gleichzeitig erhöhen sie die Bereitschaft, sich zu öffnen.

Ein besonderes Einfühlungsvermögen braucht der Zuhörer, der dem Sprecher seine im Gespräch mitschwingenden Gefühle spiegeln möchte. Das Verbalisieren emotionaler Erlebnisinhalte im Hier und Jetzt ist demnach die höchste Stufe des aktiven Zuhörens.

Beispiel:

Sprecher:

„Sie und ihre fixen Einfälle. Und an wem bleibt es wieder hängen? Ich bin die Dumme, die es ausbaden muss, wenn es wieder nicht hinhaut ..."

Zuhörer:

„Sie sind ziemlich verärgert und frustriert, weil Sie denken, dass Sie immer den schwarzen Peter bekommen ..., dass Sie es sind, dem die Verantwortung für die Umsetzung meiner Ideen aufgebürdet wird. Stimmt das so?"

Aktives Zuhören hilft dem Sprecher, Klarheit über sich selbst zu gewinnen. Durch umfassendes Verstehen wird der Nährboden für die Lösung des Konflikts bereitet.

Die folgende Übung bietet Ihnen die Gelegenheit, sowohl das Senden von Ich-Botschaften als auch das aktive Zuhören zu üben.

Übung: Kontrollierter Dialog

Bitte wählen Sie sich einen Partner. Überlegen Sie sich ein konfliktträchtiges Thema, das Sie in einem Rollenspiel bearbeiten wollen. Besprechen Sie, wer welche Rolle übernehmen wird.

Als Sprecher beginnen Sie bitte mit einer Ich-Botschaft. Achten Sie auf die Einhaltung der oben genannten Kriterien. Beschreiben Sie ein konkretes Verhalten, das in bestimmten Situationen ungute Gefühle in Ihnen erzeugt. Sprechen Sie nur über dieses spezifische Thema, damit Ihr Anliegen deutlich wird.

Als aktiver Zuhörer fassen Sie bitte nach jedem Abschnitt die wesentlichen Aussagen mit Ihren eigenen Worten zusammen. Wenn Ihnen etwas unklar ist, stellen Sie bitte offene Fragen. Das Gespräch darf erst dann fortgeführt werden, wenn der Sprecher die Richtigkeit der Zusammenfassung bestätigt hat. Stimmt die Zusammenfassung nur zum Teil, bitten Sie um nochmalige Erläuterung. Fassen Sie noch einmal das Gehörte zusammen. Wenn sich der Sprecher mit seinem Anliegen verstanden fühlt, wechseln Sie die Rollen. Jetzt wird der Zuhörer zum Sprecher und schildert seinerseits, was er über das Anliegen denkt und welche Gefühle der Sprecher in ihm ausgelöst hat. Der Zuhörer fasst zusammen ...

Wie ist es Ihnen mit dieser Übung ergangen? Viele Menschen finden diese Art des Dialogs als gewöhnungsbedürftig, aber hilfreich. Diese Wirkung lässt sich zum einen dadurch erklären, dass das wiederholende Zusammenfassen Missverständnisse frühzeitig aufdeckt. Des Weiteren führen die Wiederholungen zu einem verlangsamten Prozess, mit der Folge, dass die Gesprächspartner nachdenklicher werden und in einen wirklichen Kontakt treten, was sich wiederum auf ihr Bemühen, den anderen zu verstehen und Lösungen zu finden, auswirkt.

Phase 3: Bewusst die Zukunft gestalten

Ist die Phase der Klärung abgeschlossen, kann die Suche nach Lösungen beginnen. In dieser letzten Phase werden Regeln erstellt und Vereinbarungen getroffen, die in Zukunft eine gute Zusammenarbeit sicherstellen sollen. Grundsätzlich sollten alle Themen verhandelt werden, die bisher zum Konflikt und/oder zur Beeinträchtigung beigetragen haben.

Eine gute Möglichkeit ist das Sammeln von Vereinbarungswünschen, das heißt, jeder Mitarbeiter ist aufgefordert, alle Wünsche und Ideen, die ihm für eine Verbesserung der Zusammenarbeit wichtig erscheinen, zu äußern. Nach der Sammlung aller Vorschläge werden diese Wünsche und Ideen besprochen. Wichtig ist, dass die Interessen aller Mitarbeiter berücksichtigt werden, so dass die Regelungen auch von allen akzeptiert und eingehalten werden können.

Einige Regeln und Postulate, die sich als sehr förderlich für die Kommunikation und Zusammenarbeit in Gruppen erwiesen haben, stammen von Ruth Cohn, der Begründerin der Themenzentrierten Interaktion.[30]

Bevor dieses Konzept vorgestellt wird, soll zunächst die Gruppe als solche in den Mittelpunkt der Betrachtung gestellt werden.

Zusammenfassung:

Konflikte
Ein Konflikt liegt vor, wenn scheinbar oder tatsächlich unvereinbare Ziele aufeinander prallen. Konflikte können innerhalb einer Person (intraindividueller Konflikt) oder zwischen verschiedenen Personen, Gruppen, Organisationen (interindividueller oder sozialer Konflikt) stattfinden. Neben dieser Unterscheidung können Konflikte auch nach der Art der Streitgegenstände, der Eigenschaften der Konfliktparteien und der Erscheinungsform klassifiziert werden. Bevor ein Konflikt eskaliert, durchläuft er verschiedene Phasen oder Stufen. Da jede Eskalationsstufe spezifische Interventionen erfordert, steht am Anfang jeder Konfliktbearbeitung die Konfliktdiagnose. Diese beginnt mit der Untersuchung des Konflikttyps. Eine konstruktive Konfliktbearbeitung beginnt mit dem Bemühen, die Sichtweisen aller am Konflikt Beteiligten zu verstehen. Um Sichtweisen transparent zu machen, empfiehlt sich die Darstellung anhand des so genannten „Bewusstheitsrades". Hilfreiche Strategien, die das Verständnis fördern, sind das aktive Zuhören und das Senden von Ich-Botschaften.

4. Gruppen und Teams

Der Begriff Team wird in der Praxis häufig synonym zu dem der Gruppe verwendet. Nach Schäfers umfasst eine Gruppe „eine bestimmte Zahl von Mitgliedern (Gruppenmitglieder), die zur Erreichung eines gemeinsamen Ziels (Gruppenziel) über längere Zeit in einem relativ kontinuierlichen Kommunikations- und Interaktionsprozess stehen und ein Gefühl der Zusammengehörigkeit (Wir-Gefühl) entwickeln. Zur Erreichung des Gruppenziels und zur Stabilisierung der Gruppenidentität ist ein System gemeinsamer Normen und eine Verteilung der Aufgaben über ein gruppenspezifisches Rollendifferenzial erforderlich."[31]

Diese Definition verdeutlicht, dass mehrere Kriterien erfüllt sein müssen, bevor eine Ansammlung von Personen Gruppe genannt werden kann.

Ein Team ist nach Haug eine „außergewöhnliche" Gruppe. „Nicht jede Arbeitsgruppe ist ein Team, doch jedes Team ist mindestens eine Arbeitsgruppe!"[32]

Im Unterschied zu Arbeitsgruppen, bei denen die Leitung die Verantwortung trägt, wird die Verantwortung bei Teams auf alle Teammitglieder verteilt. Teams, die diesen Namen verdienen, zeichnen sich durch eine hohe Motivation, ein ausgeprägtes Verantwortungsbewusstsein und die Fähigkeit, sich selbst zu organisieren, aus. Getreu dem Motto „Einer für alle, alle für einen" verstehen es Teams, ihre Aufgaben so zu verteilen, dass die individuellen Fähigkeiten und Fertigkeiten ihrer Mitglieder optimal zum Tragen kommen können. Durch die Nutzung aller Potenziale entstehen Synergieeffekte, das heißt, die Gesamtleistung dieser Teams ist größer als die Summe ihrer Einzelleistungen.

Die folgende Abbildung zeigt die Unterschiede im Leistungsniveau zwischen Gruppen und Teams.

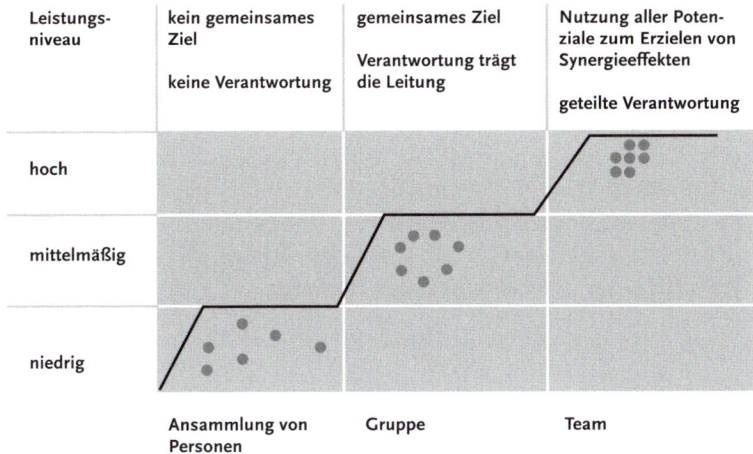

Um besonders leistungsfähig zu werden und komplexe Aufgaben lösen zu können, braucht ein Team Mitglieder, die zusammen alle erforderlichen Arbeitsfunktionen ausfüllen können. Das folgende Team-Management-Rad stammt von Margerison und McCann und enthält alle Arbeitsfunktionen, repräsentiert durch Teamrollen, die für eine erfolgreiche Bewältigung aller Aufgaben von den Teammitgliedern übernommen werden sollten.[33]

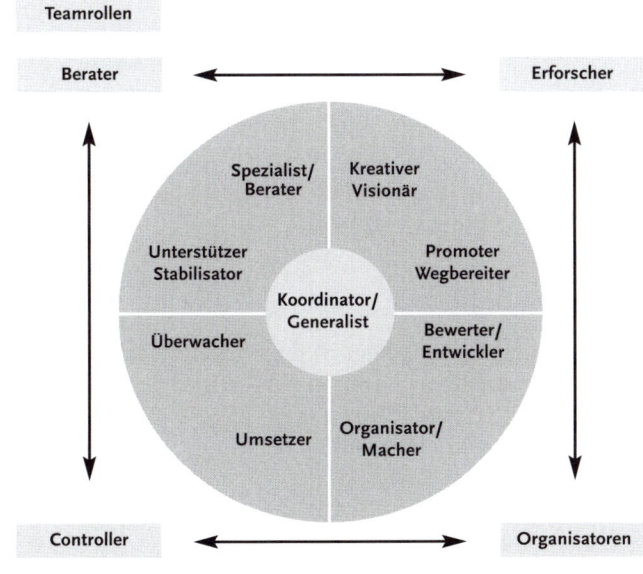

Abb. 51: Team-Management-Rad

Kreativer Visionär

Kreative Visionäre sind experimentierfreudige Forschertypen, die durch ihre zahlreichen Ideen für Neuerungen sorgen. Sie arbeiten gern selbstständig und unorthodox. Um Ideen entwickeln zu können, benötigen Sie große Freiräume. Entscheidungen treffen sie oft intuitiv.

Promoter/Wegbereiter

Promoter lieben es, neuen Ideen zum Durchbruch zu verhelfen. Auf Grund ihrer Kontaktfreudigkeit gelingt es ihnen schnell, die richtigen Kontakte zu knüpfen, andere von den Ideen zu begeistern und die erforderlichen Mittel zu organisieren. Sie sind schnell begeisterungsfähig, verlieren aber nach einer gewissen Zeit das Interesse.

Bewerter/Entwickler

Neue Ideen auf ihre Praxistauglichkeit zu überprüfen, sie zu verbessern und weiterzuentwickeln, das sind Aufgaben, die Bewerter mögen. Es macht ihnen Spaß, neue Märkte zu suchen oder Prototypen zur Reife zu bringen, die Serienproduktion hingegen interessiert sie nicht.

Organisator/Macher

Organisatoren sind die idealen Personen, wenn es darum geht, Projekte voranzutreiben. Sie sind diejenigen, die die Organisation in die Hand nehmen, Pläne erstellen und dafür sorgen, dass sie eingehalten werden. Da sie sehr zielorientiert sind und vordergründig die Leistung sehen, wirken sie mitunter etwas unpersönlich.

Umsetzer

Die Umsetzer lassen die Ideen Wirklichkeit werden, da sie es sind, die die Pläne in die Tat umsetzen. Sie sind praktisch veranlagt und arbeiten systematisch und zuverlässig in gleich bleibend guter Qualität. Sie mögen klare Strukturen und eindeutige Vorgaben.

Überwacher

Die Stärke von Überwachern liegt in ihrem Interesse an Zahlen und Details. Mit ausdauernder Konzentration prüfen und überwachen sie die Einhaltung von Normen und Bestimmungen, so dass ihnen auch kleinste Ungenauigkeiten nicht entgehen. Budgetplanung und Qualitätssicherung sind die idealen Aufgaben für sie.

Unterstützer/Stabilisator

Stabilisatoren sind die „gute Seele" des Teams. Sie leisten wertvolle Aufbau- und Erhaltungsarbeit, indem sie, immer hilfsbereit und zuvorkommend, sich für schwächere Teammitglieder einsetzen, beraten, Unterstützung bieten und so den Zusammenhalt des Teams fördern. Veränderungen stehen sie eher reserviert gegenüber.

Spezialist/Berater

Spezialisten beschaffen alle Informationen, die für das Team von Nutzen sein können. Sie verfügen über ein umfangreiches Fachwissen und haben hohe Maßstäbe. Schnellen Entscheidungen stehen sie eher skeptisch gegenüber. Sie nehmen lieber Terminüberschreitungen in Kauf, um wohldurchdachte Entscheidungen treffen zu können, als das Risiko einzugehen, dass sich Entscheidungen als falsch erweisen könnten. Am liebsten sind sie beratend tätig.

Koordinator/Generalist

Koordinatoren haben das Gesamtprojekt im Blick. Sie stimmen die verschiedenen Arbeitsaufgaben aufeinander ab, sorgen für einen geregelten Informations- und Kommunikationsfluss und vertreten das Team in der Öffentlichkeit.

Die Wahrscheinlichkeit, dass ein Team besonders leistungsfähig und erfolgreich arbeitet, ist sehr groß, wenn alle Arbeitsfunktionen besetzt werden. Um jedoch alle Arbeitsfunktionen optimal besetzen zu können, ist es sinnvoll, bei der Auswahl der Teammitglieder auf die Repräsentanz der verschiedenen Denkstile zu achten (siehe Kapitel 1.4.).

Entsprechend der persönlichen Präferenzen können die Teammitglieder mehrere, ähnlich gelagerte Arbeitsfunktionen übernehmen. Wichtig ist, dass eine Balance zwischen allen Teamrollen hergestellt wird und die Rollenverteilung von allen Teammitgliedern akzeptiert wird.

Ein ideales Team sollte, Ergebnissen der Kleingruppenforschung zufolge, nicht mehr als 5–7 Mitglieder umfassen, da die Effektivität mit zunehmender Teilnehmerzahl zurückgeht.

Brocher unterteilt die sich in Gruppen entwickelnden Rollen in die Kategorien Aufgabenrollen, Erhaltungs- und Aufbaurollen sowie dysfunktionale Rollen (oder Störungsrollen).[34]

Aufgabenrollen übernehmen die Gruppenmitglieder, die Initiative und Aktivität zeigen, Informationen suchen, Meinungen erkunden, Informationen geben, Meinungen äußern, Dinge ausarbeiten, koordinieren und zusammenfassen.

Erhaltungs- und Aufbaurollen werden besetzt von Gruppenmitgliedern, die andere ermutigen, auf die Wahrung von Grenzen achten, Regeln bilden, Folge leisten, Gruppengefühle ausdrücken, auswerten, diagnostizieren, vermitteln und Spannungen vermindern.

Dysfunktionale Rollen haben Gruppenmitglieder inne, die durch aggressives Verhalten auffallen, die blockieren, Selbstgeständnisse von sich geben, rivalisieren, nach Beachtung und Sympathien suchen, Spezialplädoyers abhalten, den Clown mimen oder sich zurückziehen.

Aufgaben- sowie Erhaltungs- und Aufbaurollen sind Führungsfunktionen, die nicht von einer Person allein ausgefüllt werden und festgeschrieben sind, sondern wechseln.

Es folgt nun das Konzept der Themenzentrierten Interaktion, da es sich meines Erachtens in besonderem Maße zur Erklärung der verschiedenen Rollenbesetzungen eignet.

Zusammenfassung:

Gruppen und Teams
Um von einer Gruppe sprechen zu können, müssen folgende Kriterien erfüllt sein:
- ein gemeinsames Ziel,
- Kommunikation und Interaktion über längere Zeit,
- ein Gefühl der Zusammengehörigkeit (Wir-Gefühl),
- eine gruppenspezifische Rollenverteilung und
- ein System gemeinsamer Normen.

Unter einem Team wird hier eine außergewöhnliche Gruppe verstanden. Im Unterschied zu Arbeitsgruppen, bei denen die Leitung die Verantwortung trägt, wird die Verantwortung bei Teams auf alle Teammitglieder verteilt. Teams zeichnen sich durch eine hohe Motivation, ein ausgeprägtes Verantwortungsbewusstsein und die Fähigkeit, sich selbst zu organisieren, aus. Um besonders leistungsfähig zu werden und komplexe Aufgaben lösen zu können, braucht ein Team Mitglieder, die zusammen die folgenden Arbeitsfunktionen, repräsentiert durch die Teamrollen, ausfüllen können: Kreative Visionäre, Promoter/Wegbereiter, Bewerter/Entwickler, Organisatoren/Macher, Umsetzer, Überwacher, Unterstützer/Stabilisatoren, Spezialisten/Berater und Koordinatoren/Generalisten.

4.1. Themenzentrierte Interaktion

Nach R. Cohn kann ein lebendiger Lernprozess nur dort stattfinden, wo

- der Mensch in seiner Einzigartigkeit (Ich),
- die Gruppe als Ganzes (Wir) und
- das Thema der Gruppe (Es)

in gleicher Weise anerkannt und berücksichtigt werden. Nur dann, wenn es gelingt, alle drei Faktoren (Ich, Wir und Es) unter Beachtung der Umweltbedingungen in einem dynamischen Gleichgewicht zu halten, ist optimales Lernen und Arbeiten möglich.

Die Gleichwertigkeit dieser drei Faktoren findet im TZI-Modell ihren Ausdruck.

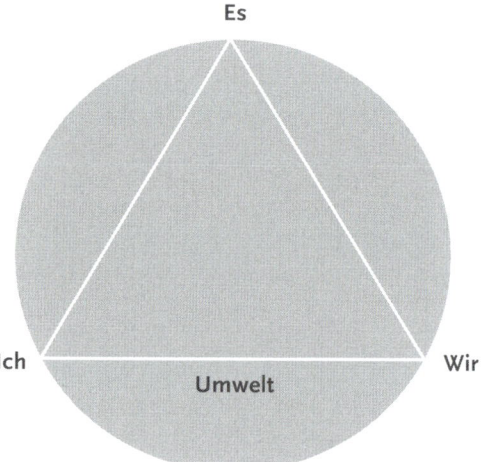

Kommen wir nun noch einmal zurück auf die oben beschriebenen Rollen und vergleichen sie mit dem TZI-Modell.

Es – das Thema – wird repräsentiert durch die Einnahme von Aufgaben-rollen oder Arbeitsfunktionen.

Den Bedürfnissen der Gruppe – **Wir** – wird durch die Einnahme von Aufbau- und Erhaltungsrollen Rechnung getragen.

Ich findet seinen Niederschlag in den individuellen Bedürfnissen der Gruppenmitglieder.

Unter dem Gesichtspunkt einer notwendigen Balance der drei genannten Faktoren (Es, Wir, Ich) kann das Einnehmen von dysfunktionalen Rollen einzelner Mitglieder als Indikator dafür gesehen werden, dass individuel-le Bedürfnisse der Gruppenmitglieder zu wenig beachtet werden.

Gruppen streben, wie alle offenen Systeme, nach Erhaltung eines Gleich-gewichts der Beziehungen. Jede Veränderung, gleichwohl ob sie von innen oder außen kommt, zieht den Versuch der Kompensation nach sich. Ist diese Homöostase nicht erreichbar, erfolgt eine Neukalibrierung der Nor-men und Werte der Gruppe, oder wenn die Gruppenmitglieder dazu nicht in der Lage sind, zerbricht sie.

Um eine Gruppe hinsichtlich der genannten Faktoren ausbalancieren zu können, empfiehlt sich die Beachtung und Einhaltung der TZI-Postulate und -Regeln.[35]

1. Seien Sie Ihr eigener Chairman (Vorsitzender, Leiter)!

Sinngemäß besagt dieses Postulat: Übernehmen Sie die Verantwortung für sich selbst und Ihr Handeln. Machen Sie sich Ihre Gefühle, Bedürfnisse und Bestrebungen bewusst und treffen Sie dann Ihre Entscheidungen mit Blick auf Ihre Aufgabe und Ihre Umwelt.

2. Störungen haben Vorrang!

Hinter diesem Postulat steckt die Beobachtung, dass Störungen die Arbeit behindern oder ganz blockieren können. Wer kennt nicht fruchtlose, sich im Kreis drehende Diskussionen, die zu keinen oder unguten Lösungen führten? Wenn Mitarbeiter, aus welchem Grund auch immer, nicht konzentriert bei der Sache sein können, macht es wenig Sinn, weiter nach Lösungen zu suchen. Stattdessen ist es ratsamer, zunächst die Störung zu beseitigen, um dann mit neuem Elan die Arbeit voranzutreiben. Die Quintessenz dieser Erkenntnis ist daher die Regel: Unterbrechen Sie ein Gespräch, wenn Sie nicht wirklich teilnehmen können, wenn Sie verärgert, gelangweilt oder aus irgendeinem anderen Grund unkonzentriert sind.

Die weiteren Regeln dienen der Verwirklichung dieser Postulate.

- Vertreten Sie sich selbst in Ihren Aussagen; sprechen Sie per „ich" und nicht per „wir" oder „man".

Der Sinn dieser Regel ist die Übernahme der Verantwortung für das, was gesagt wird. Verallgemeinerungen wie „Wir glauben", „Man tut", „Jedermann denkt", „Niemand sollte" sind fast immer persönliche Versteckspiele. Der Sprechende übernimmt nicht die volle Verantwortung für das, was er sagt. Er versteckt sich hinter der öffentlichen Meinung oder einer nicht kritisch überprüften Majoritätsentscheidung, um sich selbst und seine Zuhörer zu überzeugen.

- Wenn Sie eine Frage stellen, begründen Sie, warum Sie fragen und was Ihre Frage für Sie bedeutet. Vermeiden Sie das Interview.

Diese Regel bezieht sich nicht auf Informationsfragen, die zum Verständnis nötig sind. Gemeint sind hier unechte Fragen, die im Dienste der Vermeidung oder inquisitorischer Machtkämpfe stehen.

- Seien Sie authentisch und selektiv in Ihren Kommunikationen. Machen Sie sich bewusst, was Sie denken und fühlen, und wählen Sie, was Sie sagen und tun.

- Halten Sie sich mit Interpretationen von anderen so lange wie möglich zurück. Sprechen Sie stattdessen Ihre persönlichen Reaktionen aus.

Interpretationen können, auch wenn sie zutreffen, als Angriff empfunden werden und Abwehr erregen. Besser ist es, die persönlichen Reaktionen, die durch das Verhalten anderer ausgelöst wurden, zu äußern.

◦ Seien Sie zurückhaltend mit Verallgemeinerungen.

Verallgemeinerungen unterbrechen den Gruppenprozess. Sie sind einsetzbar, wenn das dynamische Gleichgewicht zwischen Ich, Wir und Es wiederhergestellt oder ein Thema in ein neues überführt werden soll.

◦ Wenn Sie etwas über das Benehmen oder die Charakteristik eines anderen Teilnehmers aussagen, sagen Sie auch, was es Ihnen bedeutet, dass er so ist, wie er ist (d.h., wie Sie ihn sehen).

Diese Regel soll zusammen mit der zweiten Regel das Phänomen des Sündenbocks verhindern und echte Dialoge begünstigen.

◦ Seitengespräche haben Vorrang. Sie stören und sind meist wichtig. Sie würden nicht geschehen, wenn sie nicht wichtig wären.

◦ Achten Sie darauf, dass nur einer zur gleichen Zeit spricht.

Wenn mehr als einer gleichzeitig sprechen will, verständigen Sie sich in Stichworten, über was Sie zu sprechen beabsichtigen.

Diese Regel soll explosive Bedürfnisse der Einzelnen mindern und der Gruppe helfen, eine Wahl über die Reihenfolge zu treffen.

Die Beachtung der TZI-Postulate und -Regeln bilden die Basis für eine effektive Kooperation in Gruppen und Teams.

Zusammenfassung:

Themenzentrierte Interaktion
Dem Konzept der Themenzentrierten Interaktion (TZI) zufolge kann ein lebendiger Lernprozess nur dort stattfinden wo der Mensch in seiner Einzigartigkeit – (Ich), die Gruppe als Ganzes – (Wir) und das Thema der Gruppe – (Es) in gleicher Weise anerkannt und berücksichtigt werden. Nur dann, wenn es gelingt, alle drei Faktoren (Ich, Wir und Es), unter Beachtung der Umweltbedingungen, in einem dynamischen Gleichgewicht zu halten, ist optimales Lernen und Arbeiten möglich. Bestandteil der Themenzentrierten Interaktion sind die TZI-Postulate und –Regeln, die das Ziel verfolgen Kooperationsbereitschaft, Realitätssinn und Verantwortlichkeit in Gruppen zu fördern.

4.2. Gruppenprozesse

Unter Gruppenprozessen wird alles Geschehen subsumiert, welches sich zwischen Mitgliedern einer Gruppe abspielt, während diese mit- oder auch gegeneinander agieren, um ein gemeinsames Ziel (Arbeitsauftrag) zu erreichen. Während sich die Aufmerksamkeit von Gruppenmitgliedern häufig auf den Inhalt der Arbeit richtet, wird dem Prozess oder der Dynamik oft wenig Beachtung geschenkt, obwohl gerade hier Ursachen für ineffektive Gruppenarbeit zu finden sind. Die folgenden Fragen können Ihnen helfen Gruppenprozesse bewusst zu analysieren, um dann entsprechend der gewonnenen Erkenntnisse Maßnahmen für eine effektivere Zusammenarbeit einzuleiten.

Ziele:
Sind Ziele/Arbeitsaufträge klar definiert und jedem Gruppenmitglied bekannt? Besteht Konsens über die Ziele und werden sie von allen unterstützt?

Kommunikation:
Welche Kommunikationsmuster und -wege sind feststellbar? Wie gut sind die kommunikativen Fähigkeiten der Gruppenmitglieder?

Arbeitsklima/Firmenkultur:
Gibt es ein Zusammengehörigkeitsgefühl? Vertrauen die Gruppenmitglieder einander oder herrscht Misstrauen vor? Wie offen wird kommuniziert? Gibt es Themen, die in der Gruppe tabuisiert werden (z.B. Typ Sanatorium: Bei uns gibt es keine Konflikte ...)? Ist die Kommunikation vorwiegend sachlich und distanziert oder herzlich und gefühlsbetont? Wie wird mit Gefühlen umgegangen? Ist der Ausdruck von Gefühlen in der Gruppe gestattet? Welche Gefühle werden wie geäußert?

Grad des Engagements ihrer Mitglieder:
Wer redet viel, wer sagt nichts oder wenig? Ist dies nur in einem bestimmten Kontext der Fall oder ändert sich die Beteiligung? Was sind die Gründe für dieses Verhalten? Wie wird das Schweigen einzelner Mitglieder von den anderen interpretiert? Als Zustimmung, Ablehnung, Gleichgültigkeit ...? Welche Wirkung hat dies auf alle anderen?

Einfluss:
Wer hat großen, wer wenig Einfluss auf wen? Wessen Ideen, Vorschläge werden aufgegriffen, wessen übergangen?

Macht:
Wie sieht die Machtverteilung in der Gruppe aus? Wer übt wie mit welchen Mitteln auf wen Macht aus? Erfolgt die Machtausübung offen oder verdeckt?

Entscheidungen:
Wie werden Entscheidungen getroffen? Von Einzelnen, Cliquen, Mehrheit, durch Ausüben von Druck, Übereinstimmung?

Normen/ Spielregeln:
Welche geschriebenen und ungeschriebenen Gesetze gelten in der Gruppe? Sind die Normen jedem Gruppenmitglied bekannt? Gelten für jedes Mitglied die gleichen Normen? Was wird in der Gruppe belohnt, was sanktioniert? Von wem?

Funktionen/Arbeitsteilung:
Wie sind die Funktionen in der Gruppe verteilt? Wer übernimmt welche Rolle in welchem Kontext? Werden alle Funktionen, die für eine gute Zusammenarbeit erforderlich sind, erfüllt?

Entwicklungsphase:
In welcher Phase der Gruppenentwicklung befindet sich die Gruppe gegenwärtig?

Zusammenfassung:

Gruppenprozesse
Alles Geschehen, das sich zwischen Mitgliedern einer Gruppe abspielt, während diese ein gemeinsames Ziel (Arbeitsauftrag) anstreben, lässt sich unter dem Begriff Gruppenprozesse zusammenfassen. Zur Gewährleistung einer effektiven Gruppenarbeit empfiehlt es sich, diesen Prozessen Aufmerksamkeit zu schenken, um gegebenenfalls rechtzeitig Korrekturmaßnahmen einleiten zu können.

4.3. Phasen der Gruppenentwicklung

Jede Gruppe, die mehr als nur einen kurzen Zeitabschnitt zusammen ver-
bringt, entwickelt ihre eigene Geschichte. Obwohl jede Gruppengeschich-
te unverwechselbar ist, lassen sich doch Gemeinsamkeiten im Entwick-
lungsprozess von Gruppen aufzeigen. In der Literatur wird die Entwicklung von Gruppen vielfach als Aufeinanderfolge verschiedener Phasen
beschrieben.[36] Die Kenntnis dieser Phasen ist für jeden Gruppenleiter
wichtig, da jede Phase spezifische Interventionen erfordert.

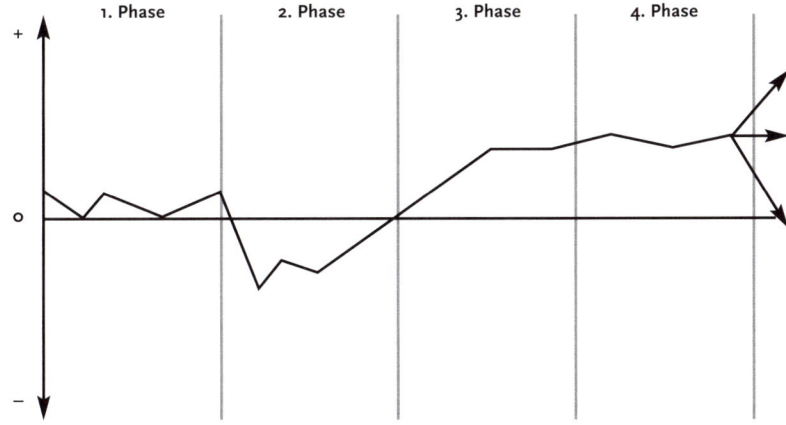

Abb. 53: Phasen der
Gruppenentwicklung

1. Phase: Orientierung
2. Phase: Gärung, Machtkampf und Kontrolle
3. Phase: Klärung, zunehmende Vertrautheit
4. Phase: Differenzierung, hohe Produktivität
5. Phase: Trennung und Auflösung

1. Phase: Orientierung

Kennzeichnend für die erste Phase ist das Vorhandensein von zwiespälti-
gen Gefühlen und unterschiedlichen Erwartungen der Teilnehmer. Nach
Langmaack/Braune-Krickau schwanken die Teilnehmer zwischen den
Polen

„ • Distanz bewahren und Nähe suchen
 • anonym bleiben wollen und sich zeigen
 • Anleitung brauchen und gleichzeitig Abhängigkeit vermeiden wollen
 • Neues erproben und auf Bekanntes nicht verzichten können
 • einzigartig und doch nicht (zu sehr) andersartig sein wollen"[37].

Die Teilnehmer zeigen zunächst ein abwartendes Verhalten und versuchen die Spielregeln, die innerhalb der Gruppe gelten, zu ergründen. In dieser Phase besteht eine starke Abhängigkeit vom Leiter. Es wird erwartet, dass er die Gruppe zur Arbeitsfähigkeit führen kann und dies auch tut.

2. Phase: Gärung, Machtkampf und Kontrolle

Diese turbulente Phase beginnt, wenn die Teilnehmer etwas Vertrauen gefasst haben und mehr von sich zeigen. Kritische Fragen und Kommentare, die in der ersten Phase zurückgehalten wurden, werden jetzt geäußert, sowohl der Gruppenleiter als auch die Gruppenmitglieder stehen auf dem Prüfstand. Rollen- und Statusverteilung sowie Rivalität und Durchsetzungswille sind Themen, die zum Vorschein kommen und oft an Inhalten der Sachebene abgehandelt werden. Beziehungen werden geklärt, und Regeln für den Umgang miteinander werden ausgearbeitet. Es bilden sich Grüppchen in wechselnder Zusammensetzung, die gegen einzelne oder mehrere Gruppenmitglieder opponieren (Sündenbockphänomen).

Auch wenn in dieser Phase die Gefahr des Aussteigens einzelner Gruppenmitglieder sehr groß ist, ist die Bearbeitung der aufsteigenden Themen dennoch von immenser Bedeutung für die weitere Arbeitsfähigkeit der Gruppe (Störungen haben Vorrang).

3. Phase: Klärung, zunehmende Vertrautheit

Nach der Sturm-und-Drang-Phase haben sich nun die Wogen geglättet. Es entsteht ein stärkeres Zusammengehörigkeitsgefühl, Bindungen werden eingegangen und Pläne geschmiedet. Die Kommunikation ist offener, und die Zusammenarbeit wird intensiviert. Aus dem Wunsch heraus, dass es doch so bleiben möge, wie es jetzt ist, erwächst die Gefahr, eine Norm zu entwickeln, nach der Konflikte niedergebügelt oder nicht zugelassen werden, was wiederum zu einem Entwicklungsstillstand (Auf-der-Stelle-Treten) führen würde. In dieser Phase der Gruppenentwicklung ist jede größere Veränderung, wie sie sich z.B. durch die Aufnahme eines neuen Mitgliedes ergeben würde, problematisch, da sie die neu gewonnene Harmonie aufs Spiel setzen würde. Die Folge wäre ein Rückfall in vorangegangene Phasen, da neue Rollen ausgehandelt werden müssten.

4. Phase: Differenzierung, hohe Produktivität

Die Arbeitsfähigkeit der Gruppe ist in dieser Phase relativ stabil, was zu einer hohen Produktivität und Arbeitszufriedenheit führt. Es herrscht ein gutes Klima, geprägt von gegenseitigem Geben und Nehmen. Jeder wird so akzeptiert, wie er ist. So schön dies klingt, es heißt aber nicht, dass es keine Krisen mehr gäbe. Langmaack/Braune-Krickau gehen davon aus, dass sich in dieser Phase auch die vorangegangenen Phasen in Form von „Mini"-Zyklen wiederholen. „Jeder neue Tag ... ist ein neuer kleiner Anfang. Jeder weiterführende Themenansatz, jede neue Aufgabe verteilt die Rollen ein wenig neu, weckt neue Ängste und setzt neue Impulse, Macht zu gewinnen, sich zu behaupten oder Zuneigung und Unterstützung zu erhalten."[38] Kennzeichnend für diese Phase ist jedoch die Rollenflexibilität ihrer Mitglieder, die inzwischen so viel Selbstsicherheits- und Wir-Gefühl entwickelt haben, das Konflikte leichter gelöst werden können. Die Gruppe ist in der Lage, sich selbst zu steuern.

5. Phase: Trennung und Auflösung

Solange eine Gruppe gemeinsame Themen findet und die Fähigkeit besitzt, diese zur Zufriedenheit aller zu bearbeiten, kann sie theoretisch weiterexistieren. Da sich Bedürfnisse jedoch ändern, erfordert dies die Bereitschaft einer kontinuierlichen Überprüfung und Anpassung ihrer Rollenverteilung und Arbeitsweisen. Da in den meisten Fällen ein Ende vorprogrammiert ist, ist der Abschied unvermeidlich. Und – wie allgemein bekannt – fällt der Abschied meistens schwer. In dieser Phase entsteht neue Unruhe, einige wollen den Prozess des Abschiednehmens hinauszögern und versuchen auszuweichen, andere sind schon in Gedanken zu Haus. Je intensiver die emotionalen Bande, umso mehr Kraft wird benötigt, um zu einem Abschluss zu kommen. Inhaltlich sollten die Themen den Abschluss erleichtern, Zeit und Raum sollte gegeben werden, um eine Reflexion zu ermöglichen und sich mit Fragen des Transfers zu beschäftigen.

Übung: Entwicklungsstand des Teams

Bitte schätzen Sie anhand des folgenden Bewertungsbogens den Entwicklungsstand Ihres Teams ein.

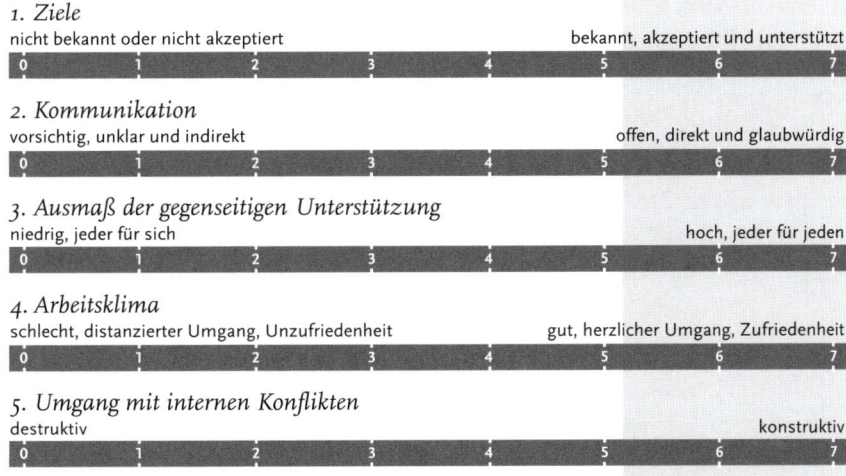

1. Ziele
nicht bekannt oder nicht akzeptiert — bekannt, akzeptiert und unterstützt
0 1 2 3 4 5 6 7

2. Kommunikation
vorsichtig, unklar und indirekt — offen, direkt und glaubwürdig
0 1 2 3 4 5 6 7

3. Ausmaß der gegenseitigen Unterstützung
niedrig, jeder für sich — hoch, jeder für jeden
0 1 2 3 4 5 6 7

4. Arbeitsklima
schlecht, distanzierter Umgang, Unzufriedenheit — gut, herzlicher Umgang, Zufriedenheit
0 1 2 3 4 5 6 7

5. Umgang mit internen Konflikten
destruktiv — konstruktiv
0 1 2 3 4 5 6 7

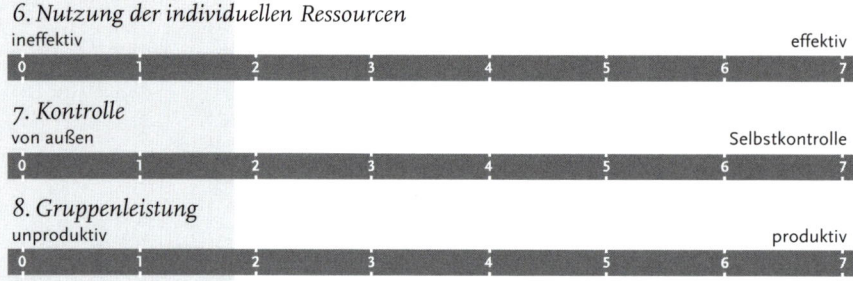

6. Nutzung der individuellen Ressourcen

ineffektiv   effektiv

| 0 | 1 | 2 | 3 | 4 | 5 | 6 | 7 |

7. Kontrolle

von außen   Selbstkontrolle

| 0 | 1 | 2 | 3 | 4 | 5 | 6 | 7 |

8. Gruppenleistung

unproduktiv   produktiv

| 0 | 1 | 2 | 3 | 4 | 5 | 6 | 7 |

Im Anschluss an die Datensammlung des Ist-Zustandes sollte ein Daten-feedback und eine Datenauswertung erfolgen. Dazu werden die gesam-melten Daten gewichtet, um zu eruieren, welche Themen zur Bearbeitung anstehen. An dieser Stelle ist auch eine Erhebung des Soll-Zustandes (Wünsche, Visionen) sinnvoll. In einem anschließenden Vergleich zwi-schen Ist-Zustand und Soll-Zustand wird überprüft, wie realistisch die Wünsche sind, zu welchen Zielen sich alle Gruppenmitglieder bekennen und ob sie umsetzbar sind oder nicht. Wichtig ist in diesem Zusammen-hang, dass Erfolgskriterien benannt werden, anhand derer der Erfolg über-prüft werden kann.

Zusammenfassung:

Phasen der Gruppenentwicklung
Jede Gruppe, die mehr als nur einen kurzen Zeitabschnitt zusammen ver-bringt, durchläuft in ihrer Entwicklung verschiedene Phasen:

1. Phase: Orientierung,
2. Phase: Gärung, Machtkampf und Kontrolle,
3. Phase: Klärung, zunehmende Vertrautheit,
4. Phase: Differenzierung, hohe Produktivität,
5. Phase: Trennung und Auflösung.

Jede Phase erfordert vom Gruppenleiter spezifische Interventionen. An eine Analyse des Ist-Zustandes sollte eine Erhebung des Soll-Zustandes anknüp-fen, wobei darauf zu achten ist, dass die Ziele akzeptiert werden und um-setzbar sind.

Anhang

Weiterführende Informationen und Lösungen

Zu Kap. 1.3.4: Übung „Kommunikationsfaktoren"
Günstige Kommunikationsfaktoren
– Wertschätzung der Gesprächspartner,
– Bereitschaft, sich zu öffnen,
– Ansprechen konkreter Situationen und eines konkreten Verhaltens,
– Beibehaltung des Themas,
– Senden von Ich-Botschaften,
– Beachtung der Feedback-Regeln,
– Aktives Zuhören,
– Stellen von offenen Fragen,
– Verstärkung positiven Gesprächsverhaltens,
– Rückmeldung ausgelöster Gefühle.

Zu Kap. 1.4: Übung „Zuordnung repräsentativer Berufsgruppen"
Repräsentative Berufsgruppen im Ganzhirn-Modell[39]
Quadrant A:
Wissenschaft, Technik, Finanzwesen, Medizin, Recht, Management
Quadrant B:
Verwaltung, Rechnungswesen, Aufsicht, Montage, Support
Quadrant C:
Beratung, Unterricht, Sozialwesen, Pflege, Service, Support
Quadrant D:
Forschung, Unternehmertum, Kunst, Entwicklung, Verkauf, Unterhaltung

Zu Kap. 2.3.1.2: Übung „Erkennen von Ich-Zuständen"

Ich-Zustände:

fürsorgliches Eltern-Ich: f EL
kritisches Eltern-Ich: k EL
Erwachsenen-Ich: ER
angepasstes Kind-Ich: a K
rebellisches Kind-Ich: r K
natürliches Kind-Ich: n K

Ich-Zustand	Äußerungen
ER	1. *Abteilungsleiter zum Mitarbeiter: „Bitte kommen Sie morgen um 10.00 Uhr zu mir ins Büro."*
r K	2. *Mitarbeiter zum Kollegen: „Die denken auch, mit uns können sie es machen. Bin gespannt, wie viel Arbeit die uns noch zusätzlich aufhalsen wollen."*
k EL	3. *Mitarbeiter zum Praktikanten: „Der Kopierer geht mal wieder nicht. Seien Sie so nett und rufen bitte den Reparatur-Service an. Aber sagen Sie denen, es ist dringend, die sollen sich beeilen."*
ER	4. *Vorgesetzter zur Mitarbeitern: „Am ... findet im Rahmen der QM-Zertifizierung ein internes Audit statt. Bitte überprüfen Sie noch einmal alle Arbeitsabläufe hinsichtlich der festgelegten Normen."*
k EL	5. *QM-Beauftragter zur Sachbearbeiterin: „Kennen Sie eigentlich die neuesten DIN-Regeln?"*
a K	6. *Mitarbeiter zum Vorgesetzten: „Ich habe den Auftrag noch nicht bearbeitet, aber ich habe auch zu viel zu tun, es ist einfach nicht zu schaffen."*
ER	7. *Vorgesetzter zum Mitarbeiter: „Wie viel Zeit werden Sie voraussichtlich noch benötigen?"*
f EL	8. *Mitarbeiter zum Praktikanten: „Na prima, das haben Sie doch gut hingekriegt. Weiter so."*
ER	9. *Vorgesetzter zu Mitarbeitern: „Ich schlage vor, dass wir zunächst alle Ideen sammeln und im Anschluss abwägen."*
r K	10. *Mitarbeiter zum Mitarbeiter: „Die Chefin kann mich mal. Ich sehe gar nicht ein, dass ich immer die Drecksarbeit machen soll."*
f EL	11. *Vorgesetzter zur Mitarbeiterin: „Nun lassen Sie nicht gleich den Kopf hängen, beim nächsten Mal läuft es besser."*

Äußerungen	Ich-Zustand
12. *Geschäftsführer zu den Abteilungsleitern: „Das ist ja super, wie wir das wieder hingekriegt haben, einsame Spitze ist das."*	n K
13. *Abteilungsleiter zu Abteilungsleiter: „Ich bin nicht gewillt, diese Aufgabe zu übernehmen. Sie fällt eindeutig in Ihren Zuständigkeitsbereich."*	k EL
14. *Vorgesetzter zur Mitarbeiterin: „Was haben Sie denn hier schon wieder für einen Mist gemacht? Ich verlange von Ihnen ..."*	k EL
15. *Mitarbeiterin zum Vorgesetzten: „Ihnen kann man es ja nie recht machen. Sie müssen eben klarer formulieren, was Sie wollen."*	r K
16. *Mitarbeiterin zum Vorgesetzten: „Bitte entschuldigen Sie meinen Fehler. Wie hätte ich es denn tun sollen?"*	a K
17. *Mitarbeiter zum Mitarbeiter: „Die Neue sieht scharf aus. Findest du nicht?"*	n K
18. *Mitarbeiter zur neuen Kollegin: „Wenn Sie Hilfe brauchen, ich bin immer für Sie da."*	f EL

Zu Kap. 2.3.2.2: Übung „Analyse von Transaktionen"

1.
S.: *„Haben Sie die Unterlagen der Fa. XY gesehen?"*
R.: *„Immer verdächtigen Sie mich, was habe ich denn mit Ihren*
    Unterlagen zu schaffen?"

2.
S.: *„Lassen Sie mich bitte ausreden!"*
R.: *„Oh, Entschuldigung. Allerdings würde ich es sehr begrüßen, wenn sie*
    andere auch einmal zu Wort kommen ließen."

3.
S.: *„Könnten Sie sich mal die Anfrage von der Fa. XY ansehen? Mir ist*
    völlig schleierhaft, was die eigentlich wollen, eine Zumutung ist das."
R.: *„Was genau schreiben sie denn?"*

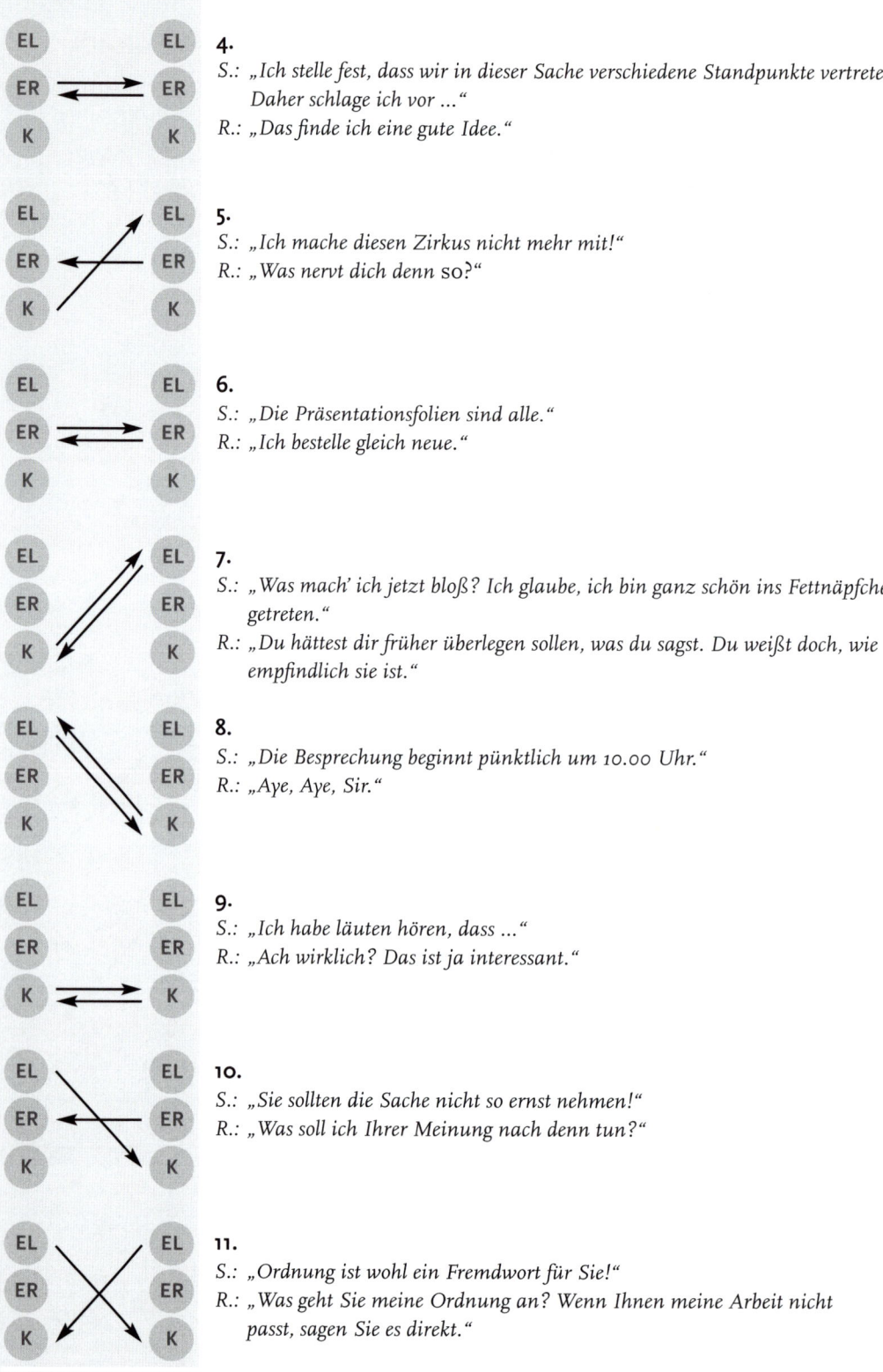

4.

S.: „Ich stelle fest, dass wir in dieser Sache verschiedene Standpunkte vertreten. Daher schlage ich vor ...“

R.: „Das finde ich eine gute Idee.“

5.

S.: „Ich mache diesen Zirkus nicht mehr mit!“

R.: „Was nervt dich denn so?“

6.

S.: „Die Präsentationsfolien sind alle.“

R.: „Ich bestelle gleich neue.“

7.

S.: „Was mach' ich jetzt bloß? Ich glaube, ich bin ganz schön ins Fettnäpfchen getreten.“

R.: „Du hättest dir früher überlegen sollen, was du sagst. Du weißt doch, wie empfindlich sie ist.“

8.

S.: „Die Besprechung beginnt pünktlich um 10.00 Uhr.“

R.: „Aye, Aye, Sir.“

9.

S.: „Ich habe läuten hören, dass ...“

R.: „Ach wirklich? Das ist ja interessant.“

10.

S.: „Sie sollten die Sache nicht so ernst nehmen!“

R.: „Was soll ich Ihrer Meinung nach denn tun?“

11.

S.: „Ordnung ist wohl ein Fremdwort für Sie!“

R.: „Was geht Sie meine Ordnung an? Wenn Ihnen meine Arbeit nicht passt, sagen Sie es direkt.“

12.

S.: *„Sie sehen sehr bedrückt aus, wollen Sie darüber reden?"*

R.: *„Danke, ich komme schon klar."*

13.

S.: *„Die Post ist ja immer noch hier. Was ist los?"*

R.: *„Ich weiß nicht mehr, wo mir der Kopf steht, es gibt einfach zu viel zu tun."*

14.

S.: *„Ich habe Ihren Auftrag nicht verstanden. Könnten Sie mir bitte genau
sagen, was ich tun soll?"*

R.: *„Vielleicht habe ich mich nicht klar genug ausgedrückt. Ich möchte,
dass Sie ein Verzeichnis anlegen ..."*

15.

S.: *„Können Sie um 10.30 Uhr zu mir ins Büro kommen? Ich möchte
etwas mit Ihnen besprechen."*

R.: *„Selbstverständlich. Worum geht es denn?"*

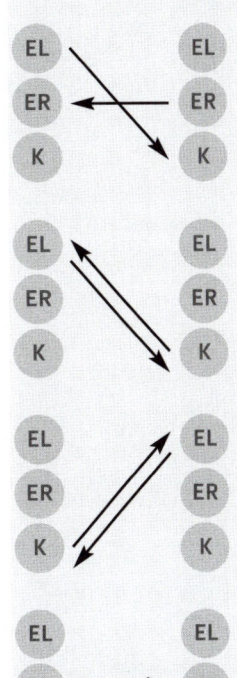

Anmerkungen

1 Watzlawick, 1969, S. 53
2 Katz in Benesch, 1987, S. 91
3 Watzlawick, 1983, S. 37 f.
4 Epstein, 1979
5 Luft, 1970
6 Vgl. Antons, 1975
7 Herrmann, 1988, S. 4
8 Vgl. Herrmann, 1997, S. 50 f.
9 In Anlehnung an Herrmann, 1997, S. 44
10 Watzlawick, 1969, S. 53
11 Vgl. Harris, 1975
12 Vgl. Birkenbihl; Abwehrmanöver stimmen inhaltlich überein mit den Kommunikationsstilen von Satir.
13 Watzlawick, 1969, S. 61
14 Ebenda, S. 70
15 Schulz von Thun, 1981
16 Berne, 1967, 1975
17 Dusay, 1977
18 Aus Kälin/Müri, 2000, S. 43 ff., Statement 3 wurde leicht abgeändert.
19 Ebenda
20 Dusay, 1977
21 Karpmann, 1968
22 Vgl. Stewart/Joines, 1990
23 Ebenda, S. 59
24 Nelson, 1985
25 Vgl. Glasl, 1997
26 Ebenda
27 Thomann, 1998
28 Glasl, 1997
29 Ebenda
30 Cohn, 1975
31 Schäfers, in Kerber, H./Schmider, 1984, S. 206
32 Haug,1994, S. 18
33 Margerison/McCann in Haug, 1994; Forchner-Rojas Perez, 2000
34 Brocher, in Antons, 1975, S. 226 ff.
35 Cohn, 1975, S. 121 ff.
36 Langmaak/Braune-Krickau, 1989; Siegrist, 1997
37 Langmaak/Braune-Krickau, 1989, S. 71
38 Ebenda, S. 77
39 Herrmann, 1997, S. 46

Abbildungen

Literaturverzeichnis

Antons, K.: Praxis der Gruppendynamik. Göttingen: Hogrefe, 1975

Benesch, H.: dtv-Atlas zur Psychologie. Band 1 und 2. München: dtv, 1987

Berne, E.: Spiele der Erwachsenen. Reinbek bei Hamburg: Rowohlt, 1967

Berne, E.: Was sagen Sie, nachdem Sie guten Tag gesagt haben? Psychologie des menschlichen Verhaltens. München: Kindler, 1975

Birkenbihl, V. F.: Kommunikationstraining. Zwischenmenschliche Beziehungen erfolgreich gestalten. München: Goldmann, 1975

Cohn, R. C.: Von der Psychoanalyse zur themenzentrierten Interaktion. Stuttgart: Klett, 1975

Dusay, J. M.: Egograms: How I See You and You See Me. New York: Harper and Row, 1977

Epstein, S.: Entwurf einer Integrativen Persönlichkeitstheorie. In: Filipp, S. H. (Hrsg.), Selbstkonzeptforschung, S. 15–46. Stuttgart: Klett, 1979

Fisher, R., Ury, W.: Das Harvard-Konzept. Sachgerecht verhandeln – erfolgreich verhandeln. Frankfurt/New York: Campus, 1990

Forchner-Rojas Perez, C.: Das Team-Management-System, http://www.infoquelle.de/Management/Team_Management/Arbeitspraeferenz.cfm: 2000

Glasl, F.: Konfliktmanagement. Ein Handbuch für Führungskräfte, Beraterinnen und Berater, 5. Auflage. Bern: Haupt, 1997

Haken, H., Haken-Krell, M.: Erfolgsgeheimnisse der Wahrnehmung. Synergetik als Schlüssel zum Gehirn. Stuttgart: DVA, 1992

Harris, T.: Ich bin o.k. Du bist o.k. Wie wir uns selbst besser verstehen und unsere Einstellungen zu anderen verändern können – eine Einführung in die Transaktionsanalyse. Reinbek bei Hamburg: Rowohlt, 1975

Haug, C.: Erfolgreich im Team. Praxisnahe Anregungen und Hilfestellungen für effiziente Zusammenarbeit. München: dtv, 1994

Herrmann, N.: Messung der Hirndominanz. München: Internationaler Kongress über Cerebrale Dominanzen, 1988; Übersetzung Spinola, R. München: Herrmann International Deutschland GmbH & Co KG, 1995

Herrmann, N.: Das Ganzhirn-Konzept für Führungskräfte: welcher Quadrant dominiert Sie und Ihre Organisation? Wien: Ueberreuter, 1997

Karpman, S.: Fairly Tales and Script Drama Analysis. Transactional Analysis Bulletin, 7, 1968, 26, S. 39–43

Kälin, K., Müri, P.: Sich und andere führen. Psychologie für Führungskräfte, Mitarbeiterinnen und Mitarbeiter, 12. Auflage. Thun: Ott-verlag, 2000

Kerber, H. / Schmider, A. (Hrsg.): Handbuch Soziologie. Reinbek bei Hamburg, 1984

Knechtel, P.: Subjektive Krankheitstheorien und ihr Einfluss auf die Bewältigung von Krankheiten am Beispiel von Krebserkrankungen. Unveröffentlichte Diplomarbeit. Augsburg: Universität, 1995

Knechtel, P.: Projektmanagement. Ein Arbeitshandbuch mit Werkzeugen und Methoden zur Planung und Durchführung von Projekten. Augsburg, München: mev, 2001

Langmaack, B., Braune-Krickau, M.: Wie die Gruppe laufen lernt. Weinheim, Basel: Psychologie-Verl.-Union, 1989

Luft, J.: Einführung in die Gruppendynamik. Stuttgart: Klett, 1970

Nelson, P.: „Autobiography in five short chapters". In: Black, C.: Repeat after me. Denver: M.A.C. Printing and Publications, 1985

Pfeiffer, J. W., Jones, E. J.: Arbeitsmaterial zur Gruppendynamik. Berlin: Burckhardthaus, 1974, Band 1–6

Satir, V.: Das Satir-Modell: Familientherapie und ihre Erweiterung. Paderborn: Junfermann, 1995

Schulz v. Thun, F.: Miteinander reden. Band 1. Störungen und Klärungen. Reinbek bei Hamburg: Rowohlt, 1981

Schulz v. Thun, F.: Miteinander reden. Band 2. Stile, Werte und Persönlichkeitsentwicklung. Reinbek bei Hamburg: Rowohlt, 1989

Schulz v. Thun, F.: Miteinander reden. Band 3. Das „Innere Team" und situationsgerechte Kommunikation. Reinbek bei Hamburg: Rowohlt, 1998

Senge, P. M.: Die fünfte Disziplin. Kunst und Praxis der lernenden Organisation, 2. Auflage. Stuttgart: Klett-Cotta, 1996

Senge, P. M., Kleiner, A., Smith, B., Roberts, C., Ross R.: Das Fieldbook zur Fünften Disziplin, 2. Auflage. Stuttgart: Klett-Cotta, 1997

Shaffer, J. B. P., Galinsky, M. D.: Handbuch der Gruppenmodelle 1 und 2. Berlin: Burckhardthaus, 1977

Siegrist, M.: Kursbuch Schlüsselqualifikationen: ein Trainingsprogramm. Freiburg im Breisgau: Lambertus, 1997

Spinola, R., Peschanel, F. D.: Das Hirn-Dominanz-Instrument (HDI): Grundlagen und Anwendungen des Ned-Herrmann-Modells für die Personalentwicklung, 3. Auflage. Speyer: Gabal, 1992

Stangl, W.: Netzwerk Gehirn, http://www.stangl-taller.at/ ARBEITSBLAETTER/GEDAECHTNIS/GehirnAufbau.sht, 2003

Stevens, J. O.: Die Kunst der Wahrnehmung. Übungen der Gestalttherapie, 14. Auflage. Gütersloh: Kaiser, 1996

Stewart, I., Joines, V.: Die Transaktionsanalyse. Eine Einführung in die TA, 8. Auflage. Freiburg, Basel, Wien: Herder, 1990

Thomann, C.: Klärungshilfe. Konflikte im Beruf. Reinbek bei Hamburg: Rowohlt, 1998

Wagner, C.: Alexander R. Lurija: Leben und Werk. Zulassungsarbeit, http://www.uni-wuerzburg.de/sopaed1/breitenbach/neuropsycho/ lurija/grund.htm, 2003

Watzlawick, P., Beavin, J. H., Jackson, D. D.: Menschliche Kommunikation. Formen, Störungen, Paradoxien. Bern, Stuttgart, Wien: Huber, 1969

Watzlawick, P.: Anleitung zum Unglücklichsein. München, Zürich: Piper, 1983

Weiß, J. unter Mitarbeit von Kirchner, I.: Selbst-Coaching. Persönliche Power und Kompetenz gewinnen, 3. Auflage. Paderborn: Junfermann, 1992

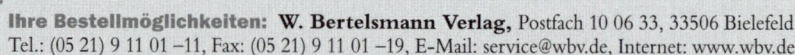